クセジュ】

古代末期

ローマ世界の変容

ベルトラン・ランソン 著
大清水裕／瀧本みわ 訳

白水社

目次

序論

一九七一年、ジャン＝レミ・パランクは、帝政後期（Bas-Empire）に関する文庫クセジュの一四五五番目の巻を上梓した。[1] ローマ帝国の帝政後期とは何なのか、改めて明確にする必要はないだろう。この表現〔＝帝政後期〕それ自体が、これ以外の他の「帝政後期」が〔フランス語では〕存在しないことを示している。この言葉の使用は十八世紀にまで遡り、その意味は年代的なものだった。〔フランス語で〕「高い」時代というのはより古い時期のことであり、それに「低い」、より最近の時代が続く。しかしながら、歴史叙述においては、一～二世紀の帝政前期〔フランス語で「高い」帝政期〕が絶頂期に仕立てられ、三～六世紀にあたる帝政後期〔「低い」帝政期〕は衰退《デカダンス》の時代として描かれてきた。「低い〔＝後期〕」という形容詞もまた、この時代に根強い不信を抱かせる軽蔑的な意味合いを持たされている。二十世紀末にいたってようやくその意味合いは揺らぎ始めたかに思われるが、通説となっている見方はいまだ確固とした力をもっている。

（1）巻末参考文献【66】。

十九、二十世紀の歴史研究の成果である古代末期（Antiquité tardive）という概念は、その概念を作り出した先駆者たるドイツ人の言葉では、Spätantike にあたる。この概念は、一部のためらっている人びとを除けば、学界では次第に力を持つようになっている。帝政後期という概念を消し去ってしまうわけではないが、それも含んだ、重なり合った概念である。一般に使われ続けている帝政後期という表現は、ローマ帝国の最後の二世紀間（四～五世紀）を指している。古代末期について言えば、その年代の範囲は六～七世紀まで、場合によっては八世紀まで広がっている。この概念は、当時も存続していたローマ帝国の枠組みを地理的にも時間的にも超えるものなのである。換言すれば、かの有名な「蛮族の侵入」[1]や、四七六年の西方の帝国の終焉によって、古代が突然終わってしまったわけではない、という事実に研究者たちが気付いたのである。多くの面で、古代末期は初期中世と呼ばれてきた時代にまで続いている。一見そうとは思えないほどに重要な認識論的な変化なのである。五世紀に古代が突然終わってしまうという考え方は、三世紀から七世紀にいたるまで、古代世界と中世のあいだに長い過渡期があったという考え方に取って代わられた。この四世紀にもわたる長い過渡期は、その独自性ゆえに、古代とも中世とも区別されている。もはや断絶とみなされることはなく、古代末期は歴史全体の中で一つの部分を構成している時期なのである。そこにおいては、古代末期という概念は、十九世紀にフランスの大学で認められていたような伝統的な区切りを一変させている。古代末期という概念の台頭は、ビザンツ史や中世史とされてきたいくつかの世紀に殴り込みをかけ、協調主義者《コルポラティスト》たちの反発を引き起こさずにはおかなかった。かつてジャック・ル・ゴフによって提唱された「長い中世」という概念に対しても激しい攻撃をしかけたのである。

（1）「蛮族の侵入」は、ドイツの歴史学の影響が比較的強かった日本では、「ゲルマン民族の大移動」と表現されることが多かった。これは、侵入した側の立場での表現であり、侵入された側であるフランスでは、「蛮族の侵入」という表現の方が一般的である。巻末参考文献【74】などを参照。ただし、後述の通り、著者は「蛮族の侵入」よりも「民族大移動」のほうが適切だとしている〔訳注〕。

この〔古代末期という〕時期に一貫しているものとは、ローマ性、すなわち古いものと新しいものが共存しているような、不均質なローマ性という一貫性である。新しいものとしては、「蛮族」の影響と、キリスト教会という新たな権力との、これらの異種交配を挙げねばならない。模範としての過去のローマへの言及、ラテン語や自由学芸――自由学芸の中では文法と弁論術がとくに重要な役割を果たした――の活用、法律学、都市の存続、帝国の刻印を受けたキリスト教。こういったものが〔先に挙げた〕古いものであり、古代末期の基調となる輪郭を成している。

この大いなる過渡期の豊かさとは、多様性として表わされるものであり、その多様性は特色において決して劣ったものではない。ローマ帝国は、地理的・言語的に多様な舞台の基礎だったのであり、西方において断絶は創り出されたわけではなく強められたのである。ローマ帝国は、諸属州や諸都市、諸民族――ローマ人は「ナティオ」と呼んだ――からなるモザイクだった。地中海規模での、さまざま言語のモザイクである。他方、これらの相異なった構成要素の変容は、年代的には同時には進まなかった。

古代末期もまた、差異、対照、そして矛盾を包含していたのである。古代末期は、年代的にも地理的にも、一つの塊《ブロック》を構成してはいなかった。その境界は曖昧で揺らいでいた。古代末期の定義が、たとえば行政、財政、芸術、宗教といったような特定の基準に従って行なわれることは、もはやあり得ない。実際、それぞれが他分野のことを考慮しつつ、これらの基準すべてを総合したものだけが、古代末期の定義を可能にしてくれる。こういった要素が多様であるために、〔古代末期の〕いかなる図式化も不可能であり、これらを総合しようという試みもまた困難なのである。

したがって、「古代末期の精神」と呼ばれるものは、開かれた精神である。古代末期の総合化を求めようとすれば、この「新たなローマ性」の探求は、必然的に、多元的な研究、専門分野を超えた知の照合を経ることになる。

第一章　対等に扱われるべき時代

ローマ帝国最後の数世紀ほど、歴史的に根強く蔑視の対象となってきた時代は存在しなかった。それゆえ、古代末期研究を手がけるには、その歴史叙述について検証しないわけにはいかない。古代末期という概念が、それがカバーする数世紀の期間を復権させるものだと弁証法的に思われているというのも、同様の理由による。

I　長きにわたった悪評

1　既にローマ人自身が……——草創期、黄金期、そして衰退期という歴史的な時代区分は、現代の発明品ではない。

ローマ人自身も馴染んでいた考え方だった。三世紀半ばに千年紀を祝ったほどのローマの歴史の例外的な長さが、一層そのような考え方を助長していた。何世紀にもわたって存在していたことが、永遠なるローマという観念を育んでいた。まるで、ウェスタの炎のように敬虔に保たれてきたローマとその〔父祖の〕遺風以外、何ものも存在し得ないかのようだった。しかし、ローマは、その心性《マンタリテ》に衰退意識という楔を打ち込むような、政治的・軍事的ないくつかの危機を経験していた。たとえば、共和政最後の二世紀間（紀元前二～一世紀）や、二五〇年から二八五年といった時期である。帝国の直面した諸問題は、帝国が既に高齢であることをはっきりと示していた。四世紀末にアンミアヌス・マルケリヌスが九七年から三七八年までのローマの歴史を執筆しているが、彼はその一例であり、ローマは既に敬うべき高齢期に入ったと考えるようになっていた。数年後には、アウグスティヌスが、ローマも滅びるべき存在とみなし、ローマについて同じ見方を持つよう奨めている。

三七八年にハドリアノポリスでゴート人に大敗したあとの一連の出来事は、その印象を強めることになった。それは、「蛮族」が帝国に入り込み、定住地を求めて彷徨うようになった三七五年以降のことであり、四一〇年のローマ略奪へといたった。三八一年から三九四年にかけて伝統宗教の祭儀が放棄され禁止されるにいたった、という事態もある。次いで、五世紀中に、西方の帝国が解体された。こういった事態は、ローマの人びとに帝国崩壊の可能性を予見させ、永遠なる帝国はもはやお終いだ、と信じさせることになった。しかし、たとえ年代記作者たちがこういった痛烈な打撃を感じ記録したとしても、それを断絶だと思って彼らが暮らしていたわけではなかった。典型的な例は、西方のローマ帝国が消滅した四七六年である。学校の教科書では依然として断絶とされているにしても、この出来事が同時代人の目に知覚されることはほとんどなかった。

知識人たちは、ローマの歴史から糧を得て、世界を歴史的に考え、世界をローマ的なものとして考えていた。絶頂と衰退という概念も、ローマ史をとおしてその文献の中に存在していた。しかし、四〜六世紀にぶつかった諸問題と、それらが引き起こした断絶は、この時代が老境、衰退期にあると、あるいはキリスト教徒なら黙示録的な状況にあると、数多くの作家に考えさせることになったのである。

2　人文主義者《ユマニスト》とローマ帝国の終わり――ニコラウス・クザーヌス[1]は、十五世紀前半に、古代世界とその直後に続く中間期とのあいだの断絶に言及した、最初期の人物の一人だった。当時のイタリアの知識人は、ローマ帝国に終末をもたらした理由について疑問を提起していた。一四四一年、レオナルド・ブルーニ[2]は「動揺（ウァキッラティオ）」について論じたが、それは、カエサルの独裁とともに始まった衰退（デカダンス）を引き合いに出すためだった。しかし、彼は、四五五年から四七六年までの危機を最終点とは考えていなかった。むしろ、イタリアの歴史に特有の、痙攣の一つをそこに見出していたのである。一二年後、一四五三年に、フラヴィオ・ビオンド[3]は、この危機を「変化（インクリナティオ）」と評した。彼によれば、その原因は、キリスト教徒迫害であり、共和政的な自由が死滅したことによる道徳の低下であり、宗教に対するローマ人の怠慢であり、そして帝都のコンスタンティノポリスへの移転だった、ということになる。詩人だったポッジョ・ブラッチョリーニ[4]は、そこに運命（フォルトゥナ）の豹変を見出している。ヨハンネス・レーヴェンクラウ[5]も、一五七六年に「運命の時（テンポラ・ファタリア）」――すなわち、国家が衰退する、繰り返される決定的な時であり、多くの人びとを魅了するもの――に言及するに際して、同じものをそこに見出していた。

(1) ニコラウス・クザーヌスは、一四〇一年、モーゼル河畔の町クースに生まれた神学者・哲学者。バーゼル公会議で活躍し、最終的には枢機卿・ブリクセン大司教となった。クザーヌスとはクース出身であることを示し、クースのニコラウスの意〔訳注〕。
(2) レオナルド・ブルーニは、一三六九年頃、アレッツォに生まれた人文主義者。フィレンツェ市政で活躍する一方、『フィレンツェ人の歴史』を著した歴史家としても知られる〔訳注〕。
(3) フラヴィオ・ビオンドは、一三九二年生まれのイタリアの人文主義者。歴史家として知られる他、初の考古学者とも言われる〔訳注〕。
(4) ポッジョ・ブラッチョリーニは一三八〇年生まれのイタリアの人文学者で、数多くの古典文献を再発見したことで知られている〔訳注〕。
(5) ヨハンネス・レーヴェンクラウは、十六世紀後半にドイツで活躍した人文学者。外交使節としてオスマン帝国の都だったイスタンブルも訪れた〔訳注〕。

一五六六年に、フランス人のジャン・ボダン[1]は、「変転（コヌエルシオ）」というそれほど悲観的ではない言葉を用いている。したがって、人文主義者たちは、ローマ帝国の終末に、急激かつ時間的に限られた事件ではなく、危機的な諸要素によって加速されたにせよ、緩慢な変容を見出していたことが分かる。一六三九年に、ユーゴー・グロティウス[2]は、ビオンドと同様に、帝国の終わりに神の罰を、すなわち堕落したローマ世界が清廉な蛮族世界に取って代わられる姿を見出した。五世紀にマルセイユの司祭だったサルウィアヌスによって既に展開されていた見方が登場したのは、この時のことだったのである。

（1）ジャン・ボダンは、一五三〇年生まれの経済学者〔訳注〕。
（2）ユーゴー・グロティウスは、一五八三年生まれのオランダの法学者。「国際法の父」として知られる〔訳注〕。

帝政末期を一様に衰退とみなす見方から脱却するには、十七世紀、ゴドフロワの『テオドシウス法典』に対する注釈とルナン・ド・ティユモンの『最初の六世紀間の教会史のための覚書』（一六九三〜一七一二年）を待たねばならない。しかし、文献学者と美術史家は衰退（デカダンス）という見方を発展させた。この時代に対する陰鬱な見方を長く続くような形で押し付けたのは、啓蒙主義である。どんな光であれ、〔啓蒙の〕光を自任するには影が必要だったのではないだろうか。

3　固定観念に縛られた長きにわたる軽蔑

――いくつかの言葉が人口に膾炙したことで、ローマ帝国末期についての軽蔑的な見方が人びとの心に根を張ることになった。それらの言葉とは十八世紀のものである。まず、モンテスキューの「栄光と衰退」（『ローマ人の栄光とその衰退に関する考察』、一七三四年）があった[1]。次いで、ルボーの「帝政後期」である（『コンスタンティヌス大帝以降の帝政後期の歴史』、一七五九年）。そして、もちろん、エドワード・ギボンの有名な『ローマ帝国衰亡史』[2]がある。この『衰亡史』は、ブルーニに従って、元首世紀以来、後一世紀には帝国が傾いていったことを認めていた。

（1）巻末参考文献【71】。

（2）巻末参考文献【5】。

一八五三年には、コンスタンティヌスの時代について書かれた本の中で、ヤーコプ・ブルクハルトが、その時代を指し示すのに「古代末期」という語を用いている。一八七〇年代には、ドイツではオットー・ゼークがかなり悲観的な古代末期の見方を著書の中で展開させる一方、〔フランスでは〕フュステル・ド・クーランジュが末期ローマ帝国に関する考察に根本的に新しいものを導入した。彼によれば、そこに断絶などなく、西方では四七六年を超えてローマ的なものが継続していた。それは蛮族の弱さによって説明されるという。この継続性を強調する理論は、最終的な破局という見方を否定した。この見方は、ミハエル・ロストフツェフによって発展させられ（『ローマ帝国社会経済史』[1]、一九二六年）、一九三七年にはドプシュに採用され[2]、さらには一九三九年にアンリ・ピレンヌによっても用いられた（『マホメットとシャルルマーニュ』[3]、一九三九年）。このベルギー人の歴史家〔＝ピレンヌ〕は、古代ローマ世界に断絶など存在しなかったことを明確にしている。すなわち、ゴート人やゲルマン人の「侵入」による断絶も、アラブ人の征服による断絶も存在しないのである。ピレンヌは、四世紀から九世紀まで、継続という特徴のもとに地中海を理解していた。その点で、彼は古代末期という概念の父親の一人なのである。

（1）巻末参考文献【75】。
（2）巻末参考文献【65】。
（3）巻末参考文献【67】。

しかし、ピレンヌのテーゼは批判を受け、多くの歴史家は、衰退、没落、退廃といったコルセットで形作られた一連の通説の側に立ち続けた。この判断は、嗜好に関わる問題である。美術や文学の変容は、ギリシア＝ローマ芸術やキケロ的なものから想定される端正な様式と比べて、衰退と判断された。帝政後期の専制君主政は、理想的な共和政や穏健だと思われた元首政に比して、退化とみなされた。キリスト教は、哲学や伝統宗教を圧殺したとして糾弾された。結局、有名な「〔ゲルマン人の〕大侵入」が蛮族化を引き起こし、素晴らしきローマ的な構造を悪化させてしまった、とされたのである。しかし、これらの基準は何一つ科学的な根拠を持ち合わせていなかった。それは精神的な見方、すなわち変化という幻覚の問題であり、ローマ人自身の見方と何ら違いはなかった。同時代の恐れやイデオロギー的な論争に影響されたものだったのである。たとえば、ピエール・クルセルが『ゲルマン人大侵入の文学史』[1]を出版した時、彼は第二次世界大戦という同時代の出来事に深く影響されていた。彼の企図は、①侵入、②占領、③解放という〔各章の〕そのタイトルを見れば明らかである。

（1）巻末参考文献【63】。

したがって、ローマ帝国末期に対する蔑視は、事大主義と伝統主義《アカデミズム》という基礎に基づいた、古代史の先行する時代に対する過大評価から生じたものだった。そこから離れるあらゆる動きは、衰退という言葉でしか考えられなかったのである。

さらに、十七世紀以来、国家の転変に関する思想が、ローマの事例から離れられなかった、ということも指摘しておくべきだろう。それが、あらゆる栄えている国家は衰退や死という脅威にさらされている、という固定観念を生み出した。この政治的・道徳的な関連性は広く受け入れられており、ピレンヌの考え方が適切だと認められたのはここ数年のことにすぎないほどなのである。不可思議なことに、リュシアン・フェーブルお好みの「長期持続」という概念を含めたアナール派の流行は、ローマ帝国末期の歴史の研究にほとんど影響を与えなかった。一九三九年のピレンヌ以来、古代末期の地中海世界に関する本の出版を見るには、一九九三年のエイブリル・キャメロン（『古代末期の地中海世界――三九五～六〇〇年』[1]）を待たねばならない。さらに同じ年、ノエル・デュヴァルの発案で、この時代を対象とした初の国際的な雑誌『古代末期――四～八世紀の歴史学・考古学国際雑誌』（古代末期協会発行、Brépols 社頒布）が誕生したのである。

（1）巻末参考文献【11】。

4　退廃、衰退、危機、という決まり文句――この三つの言葉は、ローマ帝国末期を評するのに、今なお広く用いられている。しかも、「闇」と「暗がり」のように、互いに交換可能な同義語であるかのように、無分別に用いられることもしばしばである。

「退廃《デカダンス》」という言葉は、道徳的な意味合いを含んでいる。この時代は、悪化し、堕落し、低下していく過程にあったということになろう。「退廃」という言葉は、すなわち、ローマの風習やラテン語を想起させる。ローマ帝国の終わりに関する最も古臭い見方――行動の弛緩と言語の貧困化――がこれである。しかし、この見方が厳格な歴史学的検証に耐えることはなかった。

それに対して、「衰退」という概念は、もっと客観的なものである。下り坂の段階を示し、数字〔商業、人口、貨幣〕に基づくこともあった。〔それでは、〕古代末期の衰退とは何だろうか。四世紀について明確にできることは、唯一、都市財政についてである。五世紀には、ローマ市の人口と、西方における属州の面積である。人口学的な分野であれ経済学的な分野であれ、諸史料が、全般的かつ継続的な衰退を想定させるような形で一致している、などということは全くない。しかしながら、ローマの腐敗と衰退について扱った書物の中で、「アメリカ帝国の衰退」をそれとなく分かるような形で示し、読者がそう読むにまかせる、というのが、ラムゼイ・マクマレンが近年〔一九八八年〕とった手法だった。[1]

(1) 巻末参考文献【76】。

「危機」という用語は、ロジェ・レモンドンによって、一九七〇年刊行の書籍のタイトル〔『ローマ帝国の危機』[1]〕として採用された。マルクス・アウレリウスからアナスタシウスまで〔一六一〜五一八年〕のローマ帝国を危機とみなすよう提唱している。それに導かれた以後の研究は、帝政後期のローマが、単一の危機ではなく、財政面、政治面、軍事面と、うち続く複数の危機に見舞われたことを示している。それらの危機は、〔一時的な〕猶予や再建によって区分され、帝国のさまざまな地域での影響は不均等なものだった。これらの危機が累積していったことこそが、「衰退」という概念、あるいは「退廃」という意識の種をまくことで、単一の危機という外観を与えることになったのである。

（1） 巻末参考文献【8】。

歴史家たちが、「問題」とか「変容」といった、より科学的でより中立的な言葉で、末期のローマ世界について考え始めたのは、とりわけ二十世紀後半を経てからのことだった。芸術や文学に退廃など存在しなかったことを認め、国家や社会を取り上げて、諸々の危機のほか萌芽的な現象の再考を中心に据えたのである。

Ⅱ 古代末期の台頭

1 パイオニア――帝政後期に対する否定的な見方の見直し

は、第二次世界大戦後に始まったわけではない。既に見たとおり、歴史文学は、ルネッサンス以来、肯定的なものと軽蔑的なものという二つのものから、同時に影響されていたのである。

ルイ十四世の治世末に、有名なヤンセン派の知識人だったル・ナン・ド・ティユモンは、史料を引用することで、拡張高い言葉により、より科学的な歴史の礎を築いた。同じ頃、ジャン・ボランとそれに続くイエズス会士たちは、同じ原理に従って、註を付けた『聖人行伝《アクタ・サンクトルム》』を出版することで、科学的な聖人伝記学の礎を築いたのである。

一九〇一年に、オーストリアのアロイス・リーグルは、ローマ末期の工芸について扱った本の中で、[1]それが衰退ではなかったという意見を支持した。彼はまた、古代末期を独自の一体性を持つ時代と見なした二十世紀最初の知識人でもあった。フランスでは、アウグスティヌス会の修道士だったアメデ・ティエリが、通説を無視してこの時代に関心を示し、あまり知られてはいないものの、素晴らしい本を著している。しかし、ピレンヌ以降、退廃主義的な見方への批判が広まったのは、二十世紀、おもに第二次世界大戦後のことだった。

（1）巻末参考文献【73】。

2 マルーの著作――良く知られていたとはいえ、こんな叙述が語るにまかされることはなかった。

アンリ＝イレネ・マルーは、一九三七年、その著作『聖アウグスティヌスと古代文化の終焉』の初版においては、この時代は退廃した時期だという一般的な見方に与していた。しかし、マルーはその後、自身のものというよりもむしろ先行の研究者たちのものだったこの立場を見直すにいたった。大戦後、同書の新版に「取り消し（レトラクタティオ）」を追加し、「退廃」や「古代文化の終焉」といった概念を問題にした。これが非常に明確な変化の始まりとなって生涯続き、その見方は『ローマの退廃か、あるいは古代末期か？』[1]（一九七七年）で頂点を迎えた。この小論の中では、地質学の用語を借用して、比喩的に「仮像」という用語で末期ローマ世界の継続と変容に言及している。

（1）巻末参考文献【6】。

3　アングロ＝サクソン系の諸著作——末期ローマ帝国研究としては、三本柱を挙げておくべきだろう。

J・B・ビュアリが一八八九年に出版した『後期ローマ帝国史[1]（三九五〜五六五年）』と、A・H・M・ジョーンズが一九六四年に出した『後期ローマ帝国[2]（二八四〜六一〇年）』である。ビュアリは、その著作をテオドシウスの死から始め、ユスティニアヌスの死まで扱っている。ここで取り上げられた時代は一貫性を欠くものではない。すなわち、ラテン的でキリスト教的な帝国という謂いである。「繁栄した」四世紀は、それに先立つ帝政前期に含まれていた。ジョーンズは逆に、それほど限定された年代ではなく、むしろわれわれが古代末期と呼んでいるものに近い年代を採用した。ジョーンズの言う末期帝国はディオクレティアヌスの即位（二八四年）に始まり、四世紀の諸改革を含めて、ヘラクリウスの治世（六一〇年）にまで達していた。記念碑的な著作である『帝政後期史[3]』が一九五九年にフランス語で出版されたエルンスト・シュタインについて言えば、彼の採用した年代はギボンのものに近かった。実際、この著作の第二巻は、ビザンツ期について扱っている。

（1）巻末参考文献【9】。
（2）巻末参考文献【22】。

（3） 巻末参考文献【27】。

現在最も広く用いられている年代はジョーンズのものである。一例をあげれば、エイブリル・キャメロンもそれを採用している。[1] アラブ人の征服まで、時にはそれを超えた時期まで扱うような、古代末期という概念が次第に指向されるようになっている。アラブ人の征服は、四、五世紀に西方でおこった蛮族移住の波以上に、ローマ的な地中海世界に変化をもたらしたと考えられているのである。

（1） 巻末参考文献【10】。

イタリアでは、サント・マッツァリーノが古代末期の終焉について思慮に富んだ歴史叙述を成し遂げている。[1] アレクサンダー・デマントの近年の大著もこのテーマを扱っている。[2] この非常に学識に富んだ認識論的な総括では、四世紀から二十世紀までの、帝国の終焉に関するさまざまな解釈が綿密に検討されている。デマントは、ローマ帝国終焉に関する二一〇にのぼる諸要因を挙げた四〇〇人の人物のリストをアルファベット順に作り上げることになった（六九五頁）。この本の第三部では、十九、二十世紀に試みられた説明を六つのタイプに分類している。

1．宗教的な説明では、ローマ帝国の決定的な変容をキリスト教の影響に帰した。ギボンからピガニオルにいたるまで、ローマ的なるものを破壊したのはキリスト教であるとされたのである。

2．「唯物論」的な説明は、経済的・社会的な基準に立脚している。ローマの弱体化は、商業の衰退や貧富の格差が原因だったのかもしれない。マルクス主義的な歴史家が分類されるのは――彼らだけではないが――このタイプである。

3．科学的な説明も進展している。すなわち、土壌の劣化や気候の変化、健康状態の悪化や疫病の影響、その結果としての人口問題、つまり人口の減少である。

4．政治的な説明は、三世紀以来続いたローマ帝国の失敗、という説に依拠している。

5．循環論的な説明は、諸文明の変遷に関する仮説への信頼に基づいている。文明は、発展・繁栄・衰退という同じ道をたどるのだという。ローマ帝国の終焉は、この三つ目の段階に相当するらしい。

6．最後に、外因論的な説明は、帝国の「没落」を、「侵入」という言葉で想起されるような蛮族移住の動きに帰したのである。

（1）巻末参考文献【7】。
（2）巻末参考文献【4】。

デマントの作成した印象的な一覧表は、十五世紀以来、ローマ帝国の終焉という問題が知識人たちをどれほど悩ませてきたのかを示している。このようなさまざまな解釈は、それ自体、知識人たちの生きた時代とイデオロギー的に繋がっており、それらの解釈が増えた結果、〔ローマ帝国の終焉と同時代のイデオロギーという〕二重の問題を引き起こすと同時に、それらを総合化しようという試みを挫いてきたように思われる。とはいえ、デマントはそれに勇気を持って取り組んだ。彼は、帝国の八つの「基本要素」を想定している。すなわち、世論、外交、国制、軍隊、財政、生産、社会情勢、人口、である。彼はその上に、帝国の終焉に大きな役割を果たしたと思われる六つの要素の「悪魔のごとき連環」を置いた。生産の落ち込み、防衛の弱体化、蛮族の移住、軍事費の増大、行政の肥大化、そして税負担の増加である。ここで採用された基準を精査すれば、デマントは〔先にあげた説明のうち〕六番目の説明を重視しているように見える。蛮族の移住は、政治的、軍事的、経済的、そして税制面での、さまざまな影響ゆえに、決定的だったように思われるのである。しかしながら、いくつかの重要な指標が過小評価されていると不満に思う人もいるかもしれない。かつてローマの政治構造の最小の構成要素だった諸都市の変転、キリスト教内部での宗教的対立がもたらした悪影響、さらに腐敗や金権体質といったものである。

4　方法論を付き合わせる必要性——古代末期研究は、こんにちにいたるまで、方法論の細分化に非常に苦しめられてきた。碑文学者は、碑文の多い、四世紀より前の時代に関心を向けがちである。文化的かつイデオロギー的な理由——フランスにおける世俗主義者と聖職者の対立——により、教父文献を研究する教父学は孤立している。教父文献は非常に興味深い歴史的な痕跡に満ちているにもかかわらず、歴史家たちは、非常に長く、そしてあまりにも頻繁に、この巨大な文献の塊を聖職者に任せてきた。法学者に関して言えば、彼らは五、六世紀の大法典[1]を利用してきたが、歴史家の退廃主義的な議論に迎合したものだった。最後に、考古学者と美術史家は、退廃を前提に論を組み立て、盲目となって末期の遺跡に古い年代を与えてきたのである。

（1）『テオドシウス法典』と『ユスティニアヌス法典』のこと〔訳注〕。

こんにちでは、これらのさまざまな方法論を突き合わせることだけが、この時代により良くアプローチすることを可能にしてくれる。コンタクトを増やし、発見や発想を比べ、総合化を試みること——膨大な史料からすると大変な仕事だが——が求められる。それゆえ、多くのことを視野に収めねばならない。というのも、全体的な視野がなければ、この時代の歪曲された見方から逃れるのは非常に難しいからである。

Ⅲ　時代区分の問題

古代の終わり、そして中世の始まりをどこに置くか、という問題は、一見すると学校教育上の問題にすぎないように見える。この問題は盛んに取り上げられてきたし、取り上げられ続けている。それにもかかわらず、学術的な視点から見て、そうは思えないほど無意味なわけでもないのである。

多くの教科書では、ローマ史と中世史の最終的な区分を五世紀に置いている。中には三九五年としているものさえある。西方の帝国は余生を送っているにすぎない、と判断し、帝国の分裂をビザンツ帝国の始まりとしているわけである。

フランスではこの区分が公文書で人為的に保たれており、古代の終焉は四七六年と法的に定められている。この区分は簡便なものだが、中世と近代、あるいは近代と現代の区別と同様に、不自然で時代遅れである。四七六年というのは、編年上の基準の一つにすぎない。文明という点からすれば、この年に特筆すべき重要性など無いのである。

1　帝政前期と帝政後期の転換点

帝政前期は節度ある元首政の時代であり、帝政後期は専制的な――あるいは「全体主義的」とまで言われるような――帝国の時代だったという考え方は、誤解を招く単純化された図式である。この見方は、紀元後最初の三世紀間にわたる元首政が、君主政以外の何ものでもなかったことを忘れている。また、四世紀から六世紀までの君主政が、かつて思われていたほどに専制的なものではなかったことも忘れられている。変化を見出そうとするなら、それを探すべきは、行政の肥大化と成文法の増大の中、ということになるだろう。また、古代末期の体制はある日突然生まれたわけではなく、元首政の長きにわたる変成の結果だったことも考慮せねばならない。二世紀から三世紀にいたる政治史の帰結なのである。ドイツ人が言うところの「強制国家」という強制的な性格は、要するに、国家がその直面したさまざまな問題にかくの如く対処していったということである。その場合、帝政後期となったのは、二六〇年から三二〇年のあいだ、すなわちガリエヌスからコンスタンティヌスまでの時代ということになるだろう。

2　帝政後期と古代末期

（A）ローマ帝国の限定的な観念としての帝政後期は、古代末期というより広い概念に含まれている。はじめに、ローマ帝国の終焉に関する編年は地域によって異なり、長期にわたるものだ、ということを確認しておくべきだろう。ブリタニア、ゲルマニア、ヒスパニアに関しては、四〇七年から四一一年という年代を採用することになる。アフリカについては四三九年であり、ガリアについて言えば、場所によって異なるものの、四一八年から四八六年までとなる。エジプトやシリアは七世紀、イタリアなら八世紀である。

東方の帝国に関して言えば、歴史家は長いことビザンツ時代を帝政後期という概念に組み込んでいた。その後、ビザンツ学が発展した結果、ビザンツ帝国は四世紀にまで遡ってきた。帝国の分裂した三九五年、あるいはコンスタンティノポリスが奉献された三三〇年である。現在では、東方の帝国の脱ラテン化が進みイスラム勢力が台頭した七世紀以降に「ビザンツ」という言葉を使う傾向にある。

（B）古代末期の構成要素は何か？

1．まず、政治的・制度的な要素。『テオドシウス法典』（四三八年）と『ユスティニアヌス法典』（五三三年）という大法典からなる法学上の骨格がある。そこに含まれる新勅法や、ローマ法が「蛮族」の慣習と融合した『西ゴート法典』（五〇六年）のような派生的な法典も考慮すべきだろう。君主権は強大なものとなり、密度の高い行政機構も実現した。元老院と諸都市というローマの基本要素だった二つのものも存在し続けた。

2．次いで文化的な要素。修辞学や自由学芸といった古代文化とその支柱は継続していた。そして、もちろん、（田園風景や狩り、ブドウの収穫といった）古代美術の図像の主題も継続していたのである。

3．最後に宗教的な要素。キリスト教は、ローマだけでなくギリシアも含め、強力な古代的な基盤を保持していた。公的な宗教になったにせよ、依然としてローマ的な古いモデルに基づいていたのである。ローマ文明の中で、「信仰（レリギオ）」は公的な行為であり、国家の主たる構成要素の一つだった。というのも、「信仰」は国家を守り維持するものであり、公的なものでしかなかったからである。キリスト教カトリックが四世紀末に帝国の公的な宗教となったのも、そのような精神においてのことだった。

これらの特徴を組み合わせることで、帝政後期のローマ国家は「全体主義的」だったとしばしば書かれてきた。そこで援用された根拠は、ニケーア派のキリスト教を良心の監督者に擬するものだった。それだけでは、このような評価を下すには不充分である。「全体主義的」という形容詞は、若者の組織化――そうしたものは後期のローマ帝国にはなかった――といった非常に精緻な定義に対応したものである。したがって、この言葉を帝政後期に用いるのは誤用であり、ファシズムやナチズム、スターリニズムやそれらのさまざまな派生形を知ってしまった二十世紀の人びとのイデオロギー的な投影であることを示している。

3　古代末期と中世初期――「古代史好き」な人びとは古代的な要素が七世紀まで続いていたのを見出せるだろう。しかし、中世研究者も、彼らの「真の」中世を九世紀より後にしていたのだから、同じように思っていたはずである。ドイツ人が「中世盛期」の始まりとする時代である[1]。

（1）一般的には、ドイツでの中世盛期は十一世紀後半からを指すことが多い〔訳注〕。

したがって、協調主義者たちは抵抗しているにもかかわらず、見方は一致している。これが、一九五三年以来毎年開催されている学会「スポレート週間」で、まさにこのテーマに取り組むための精神なのである。しかし、古代末期という概念は、とくに一九七〇年代以降に発展した。六世紀から八世紀をプレ中世として語るようになったのである。しかし、いろいろなことを考慮するというのは非常に難しい。「古代史好き」は川上から、中世史家は川下から取り組み、アプローチが異なる。古代史好きな人が、〔古代の〕延長や継続、残滓を探しているその場所で、中世前期の専門家は、変化のきざしを、新しい社会の前兆を探しているのである。

境界があまりにも不確かとなり、「世界システム」が語られるような時代に、何らかの境界をそこに見出そうとするのは、幻想ではないだろうか。古代末期という概念は、柔軟な回答を提供してくれる。この概念は、強力で魅力的な古代の諸要素が継続していたことを示している。すなわち、文書や帝国、行政、法といったものであり、文芸趣味、建築、信仰、そしてローマである。また、この概念は新しい要素を忘れることもない。というのも、この時代を特徴づけるのは、まさに古いものと新しい要素が混ざり合うことにあるからである。

しかし、ここでもし、境界というこの議論の残る概念を使おうとするなら、それは年代的なものというよりも、むしろ空間的なものである。

実際に、古代を構成する諸要素が、ローマ人の帝国を構成していた全属州において同時に消し去られたわけではないのである。

Ⅳ 史料

古代末期に関する史料は少ない、と一般には思われている。このような見方は相変わらず根強く、いわゆる「教養ある一般層」でも受け入れられている。その起こりはさまざまである。第一の理由は、碑文学者や考古学者、人文学者たちが、古典期（紀元前五世紀〜紀元後二世紀）を長いあいだ特別扱いしてきたことである。その結果、暗いものとされてしまった時代は、さらに先入観によって強められ、長きにわたって関心を向けられることはなかった。発掘現場においても、古代末期の層は、「面白い」それ以前の層を掘り出すために捨て去られてしまうことがあまりにも多かった。文献史料に関して言えば、それらは図書館の中で「長い眠り」についていた。付け加えるに、世俗的な歴史家たちは、キリスト教文献を不公平な思い込みをもって眺めてきたのである。

1 大型の史料集――

「古代末期」の研究が花開いたことで、幸いにも新しい学術的な動きが現われるようになった。一九六〇年代以来、古典期より後の時代のギリシア・ラテン研究が次第に日の目を見るようになってきたのである。史料の大規模なコレクション（ハーバード大学出版会のローブ古典叢書(1)、ドイツのトイブナー(2)、フランスのCUF［フランス大学叢書(3)］）でも、末期のギリシア・ラテン文献の出版に目が向けられている。この流れの中では、キリスト教文献の集成が先駆者となった。十九世紀には、ジャック＝ポール・ミーニュが、ラテン、ギリシア、オリエント、三つの『教父著作集(4)』を編集した。オーストリアでは『教会ラテン文献集成(5)（CSEL）』が編纂され、『ウィーン集成』とも呼ばれている。近年では、こんにちの人文学の学術的な基準に従ってこれらの集成を再編集することを目的として、『キリスト教文献集成(6)』というギリシア語とラテン語のシリーズがベルギーで編纂されている。ルーヴァンのポール・トンブールによって設立されたCETEDOCは、情報技術の助けを借りて、古代末期のキリスト教ラテン文献すべてを集め、電子化しようとしている。最後に、一九四二年以来、リヨンのイエズス会士とCerf社のドミニコ会士の主導で出版されている『キリスト教史料集(7)』という重要なコレクションにも言及しておくべきだろう。四〇〇巻以上を擁し、校訂されたテクストにきちんとした注釈と翻訳を付すという称賛すべき仕事を果たしている。このコレクションは、最終目標としては九〇〇巻に達するという。

(1) 巻末参考文献【54】。
(2) 巻末参考文献【55】。
(3) 巻末参考文献【56】。
(4) 巻末参考文献【57】。
(5) 巻末参考文献【58】。
(6) 巻末参考文献【59】。
(7) 巻末参考文献【60】。

十九世紀に開始された有名な史料集『ゲルマニア史料集成[1]』について言えば、その始まりは愛国主義的なものだった。テオドール・モムゼンが中心となって進められたこの遠大な企画は、ドイツ史の初めの時代を明らかにするのに役立つあらゆる古代・中世の史料を集めることを目的としていた。

(1) 巻末参考文献【61】。

この記念碑的な企画のおかげで、アクセスしにくかったテクストを物陰から取り出し、研究者がそれら利用することができるようになったのである。

2 基本的な史料——古代末期の文献史料の網羅的なリストをここで示すことはできないが、歴史の分野でとくに重要なものを挙げておきたい。

(A) 歴史書──四世紀のもっとも偉大な歴史家がアンミアヌス・マルケリヌスであることに議論の余地はない。このシリア出身の将校はユリアヌスの軍に属し、ドミティアヌスの死(九六年)からハドリアノポリスの戦いでヴァレンスが死ぬまで(三七八年)のローマ帝国の歴史を、三九〇年から四〇〇年までのあいだにラテン語で著した。したがって、彼は、〔ドミティアヌスの死までの歴史を著した〕タキトゥスの後継者たらんと欲していたのであり、時に比較されることもある。残念なことに、その著作の最初の一三巻は失われてしまった。われわれが知っているのは、一四巻(三五三年)から三一巻(三七八年)までである。この二十五年間を知るのに、この史書は卓越したものである。アンミアヌスは狂信的なところのない異教徒であり、さまざまなことに関心を示している。それゆえ、地理的、民族誌的、天文学的な余談や、この歴史家自身にとって重要だった出来事の生き生きとした記述なども付け加えられている。

アンミアヌスの同時代人であるエウトロピウスやルフィウス・フェストゥス、アウレリウス・ウィクトルは、ローマ史を簡略な形で著しており、とくにアンミアヌスの著書が欠けている時期──四帝統治やコンスタンティヌスの時代──について有益な情報を集めることができる。

テオドシウス朝の時代からは、歴史書の多くはキリスト教徒作家の手によるものとなる。護教的な関心はあれ、全般に信頼性の高い史料に基づいてローマ帝国史を扱っている。しかし、彼らはキリスト教的な意識で歴史を解釈した。たとえば、オロシウスは四一一年から四一七年のあいだに、聖アウグスティヌスの求めに応じて、『異教徒に反駁する歴史』七巻を著している。この本は、信頼できる史料に基づいたものだが、ローマの不幸はキリスト教に反した行為に対する罰として訪れた、という理屈に基づいて綴られている。一部の例外を除いて、歴史は教会史となる傾向にあった。

五世紀末には、コンスタンティノポリスの国庫の代訴官（アドウォカトゥス・フィスキ）だったゾシモスが、ギリシア語で『新史』を著している。紀元前五世紀から一世紀にかけての出来事に簡単に触れた後で、ゾシモスはオクタウィウス〔＝初代皇帝アウグストゥス〕からその著書を始めている。その六巻は、四一〇年のローマ略奪の直前までを扱っている。そのとくに重要な情報源の一つが、サルデスのエウナピオスだった。いくつか誤りはあるにせよ、ゾシモスのテクストは貴重な情報を含んでいる。ゾシモスは異教徒で、異教への郷愁を断ち難かったために、コンスタンティヌスとテオドシウスに対しては批判的な姿勢を見せている。西方の帝国の破たんを〔キリスト教徒とは〕逆方向から説明するために、五世紀になってからの知識を駆使している。それによれば、その責は、ローマ人の伝統宗教を捨てた罪深きキリスト教徒皇帝たちの政策に帰されるという。

六世紀については、ユスティニアヌスの同時代人だったカエサレアのプロコピオスの著作が一番の情報源である。

それほど知られていない歴史家たちの著作も、面白い要素を含んでいることは付け加えておこう。たとえばケドレノス[1]やヨハンネス・リュドス[2]、オリンピオドロス[3]やプリスクス[4]の断片的な著作である。

(1) ケドレノスは、十一世紀末から十二世紀初頭のビザンツの年代記作家〔訳注〕。
(2) ヨハンネス・リュドスは、小アジア出身で六世紀、ユスティニアヌス治世にコンスタンティノポリスで活躍した官吏〔訳注〕。
(3) オリンピオドロスは、三八〇年頃エジプトのテーベで生まれ、五世紀に活躍した歴史家。フン族の王アッティラへの使節も務めた〔訳注〕。
(4) プリスクスは、トラキア出身で五世紀に活躍した哲学者で歴史家。アッティラへの使節を務めたことで知られている。巻末参考文献【62】も参照〔訳注〕。

(B) 年代記——コンスタンティヌスの時代、カエサレアのエウセビオスは始原から三二三年にいたる一編の普遍年代記を書きあげた。聖書の編年にローマの歴史を並べたものである。聖ヒエロニムスはこの年代記をラテン語に訳して、三七八年までの部分を加筆した。ヒエロニムスの行為はスルピキウス・セウェルスという模倣者を生み、彼は四〇〇年までの部分を追加した。三人の人物がさらにそれを続けた。ヒスパニアの司教ヒュダティウス(三七九年から四六九年まで)、アクィタニアのプロスペル(三七九年から四四四年まで)、そして六世紀のコメス、マルケリヌス(三七九年から五三四年まで)である。この伝統の継承者は他にもいる。サラゴサのマクシムス(四三〇年から六〇六年まで)、プロスペルに続けて四四四年から五六六年までを追加したトゥンヌナ〔北アフリカの都市〕のウィクトル、アウェンティクム(現アヴァンシュ、スイス)のマリウス(四五五年から五八一年まで)、ビクラルのヨハンネス(五六六年から五八〇年まで)といった人びとである。

出来事を選択的に並べただけのものであり、これらの簡素な年代記の文学的価値はごくわずかなものでしかない。時に間違っていることもあるとはいえ、古代末期の編年を確立するためには必要不可欠な史料なのである。

（C）行政文書——ローマ帝政後期の行政地図は、一連のリストのおかげで良く知られている。『ヴェローナ・リスト』（三一二年頃）、『ポレミウス・シルウィウスのリスト』（三七〇年頃）、『官職要覧』（四二五年より少し後）といったもので、帝国の管区や属州の一覧である。ガリアに関しては『ガリア要覧』があり、都市のリストを与えてくれる。『官職要覧』は、それ以前のものより詳しくなっており、行政と軍事のヒエラルキーの完全な表を提供してくれる。この貴重な史料は中世の写本によって伝えられたが、顕職や軍部隊の記章も描かれている。

五世紀と六世紀に編纂された法典のおかげで、皇帝の立法については知られている。『テオドシウス法典』は、三一二年以降の皇帝法を一六のテーマ別に再構成して、四三八年に出版された。四三八年以降の法は、後に『新勅法集』という名で追加された。ギリシア語で書かれた『シリア・ローマ法の書』は五世紀末のもので、後にシリア語に翻訳された。この本は税制についての有益な情報を与えてくれるものの、その解釈は非常に難しい。五二九年、次いで五三四年には『ユスティニアヌス法典』一二巻が出版された。『テオドシウス法典』より内容豊富で、皇帝法を再び集め直したものである。同じ頃、五三三年に、ローマ法学者の記念碑的な集成たる『学説彙纂（ディゲスタ）』も五〇巻本で出版された。

四世紀についてはシンマクスの『報告書（レラティオネス）』も、六世紀初頭についてはカッシオドルスの行政書簡『雑記〔ウァリアエ〕』も利用することができる。

碑文やパピルスも、それで充分ということはないものの、歴史家に必要な情報を補ってくれる。碑文について言えば、カリアのアフロディシアス〔現代のトルコ南西部にあった都市〕で見つかったディオクレティアヌスの最高価格令や貨幣令の断片（三〇一年）を挙げることができる。同様に、三六三年のティムガド〔現在のアルジェリア内陸部にあった都市〕の都市参事会員に言及した碑文である「ティムガドの参事会員表」も貴重な史料である。経済事情や制度運営について、数が多く情報豊富な指標であるエジプトのパピルスも付け加えておこう。

詩や莫大な数の書簡、軍事・医学・料理・天文などの概説書、さらにはキリスト教文献――公会議の議事録、説教、聖人伝、諸論考――も含めた文献史料によって、古代末期という絵を完成させることが可能となる。確かに欠けた部分もある絵だが、これらの多様な数多くの史料の研究によって、絶えることなく完成に近付いている。ただし、未だ写本から発見されているような文献は別にしての話である。たとえば、近年も、ヨハンネス・ディブジャクとフランソワ・ドルボーは、それぞれ聖アウグスティヌスの未刊行の書簡と説教を発見するという喜びに与った。[1] このような発見はスコップと刷毛の考古学でしかできないと思われていたのだが、文献研究でも計り知れないほどの成果がもたらされうる、ということが示されたのである。

（1）巻末参考文献【29】参照。

第二章　小春日和のローマ帝国

退廃、衰退、没落、といった言葉に反駁しても無駄である。否定できないことは否定できない。つまり、四七六年から四八六年にかけて、ローマ帝国は西方においては自律的な政治体制としては存在しなくなったのである。そして、それは、五世紀を通して複雑に絡み合った諸要因ゆえのことだった。

とはいえ、ローマ文明は続いた。一方では東方で存続したローマ帝国において、他方では「蛮族の」とか「ゲルマン人の」と図式的に名付けられた西方の新たな諸王国においてである。一八七〇年から一九四五年までフランスとドイツのあいだで続いた紛争が[1]、この問題の歴史的な取り扱いをかなり危うくしたことも記しておくべきだろう。フランスの歴史家は、ローマの素晴らしい文明が瓦解したのは野蛮なゲルマン人のせいだと主張しがちだった。同じ頃、ドイツの歴史家たちは、ローマ社会のゲルマン化と、所謂「蛮族の」諸王国のローマ化の度合いはかなり高かった、と主張していた。このようなイデオロギー的な情熱は落ち着いたので、こんにちでは偏ることなく、中立的な道を歩むことができる。

（1）普仏戦争から第二次世界大戦までの両国の対立関係を示す〔訳注〕。

Ⅰ　四、五世紀における君主政の完成と変容

セウェルス朝の終焉（二三五年）からディオクレティアヌス治世の前半（二八四～二九八年）までのあいだにローマ帝国が経験したさまざまな劇的な事件は、「三世紀の危機」という呼び名で知られている。この時期を通して帝国が全般的な危機に陥ったわけではないが、とりわけ二五〇年以降、政治・貨幣・商業・人口にまつわる深刻な諸問題を経験した。これらの諸問題が、帝国のさまざまな地方で一様に生じたわけではないし、ずっと続いたわけでもない。モムゼンはこの時代を「軍事的無政府状態」と呼んだが、この「無政府状態」という言葉には注意を要する。つまり、十九世紀末のプロイセンの法律家にとっての無政府状態とは何だろうか。恐らく、ちょっとした不安定な状態でもそうなってしまうだろう。逆に、「軍事的」という言葉の方はずっと適切に見える。この半世紀は、おもにイリュリアやパンノニア出身の軍人皇帝が登場した時代であり、弱体化した元老院に対して軍事的クーデタで成立した元首政を押し付けたのである。

二九三年に四帝統治を創始したディオクレティアヌス（在位：二八四～三〇五年）から、帝政後期を始めるのが習わしとなっている。しかしながら、ディオクレティアヌスは、アウレリアヌス（在位：

二七〇〜二七五年）やプロブス（在位：二七六〜二八二年）といった精力的な皇帝たちの系譜に属していた。その仕事はコンスタンティヌス（在位：三〇六〜三三七年）が完成させ、より強固で拡大された帝政後期の君主政を確立したのである。

1　ディオクレティアヌスとコンスタンティヌスの業績（二八四〜三三七年）

（A）四帝統治：暫定的な体制――ディオクレティアヌスは、皇帝権を強化するために複数皇帝制を創始した。初めは共同統治である（二八五〜二九三年）。ディオクレティアヌスが東方を治める一方で、西方はマクシミアヌスに委ねられた。初めは副帝としてであり、その後、四か月後には正帝となった。二八七年には、ディオクレティアヌスはヨウィウスという称号を名乗り、同僚〔＝マクシミアヌス〕にはヘルクリウスという称号を与えている。

次いで、この体制は四帝統治となった（二九三〜三〇五年）。正帝たちはそれぞれ副帝の助けを受けることになったのである。ディオクレティアヌスはガレリウスを、マクシミアヌスはコンスタンティウスを選んだ。四帝統治は簒奪や内外の混乱に対処するためのものであり、二九八〜二九九年には充分な軍事的成功をおさめたのである。

三〇五年にディオクレティアヌスとマクシミアヌスは退位し、副帝たちを正帝位に昇格させた。新しい正帝たちは新しい副帝を選んだ。すなわち、東方にはマクシミヌス・ダイア、西方にはセウェルスである。しかし、三〇六年に〔西方の正帝となっていた〕コンスタンティウス・クロルスが死去したことで、この序列に混乱が生じた。コンスタンティウス・クロルス指揮下にあった部隊は、その息子コンスタンティヌスを〔東方に残る正帝ガレリウスの判断を待たずに〕正帝と宣言したからである。この時以降、四帝統治はいくつもの簒奪という問題をかかえることになった。つまり、三〇七年には七人の皇帝を数えるにいたったのである。三〇八年十一月のカルヌントゥム会議のような秩序回復の試みにもかかわらず、三一二年まで、この体制は内戦によって止まることなく悪化していった。

（B）四帝統治の終幕——三〇六年に、コンスタンティヌスは〔コンスタンティウス・クロルス死後に西方の正帝となった〕セウェルスの副帝として、〔新たに首位の皇帝となった東方の〕ガレリウスによって承認された。翌年、セウェルスは、マクセンティウスによって打ち破られ殺害された。マクセンティウスは〔三〇五年に退位した〕マクシミアヌスの息子で、ローマで元首（プリンケプス）と名乗っていた人物である。しかし、カルヌントゥム会議では、コンスタンティヌスは新たに正帝とされたリキニウスの下に位置づけられた。三一〇年か三一一年、ガレリウスは死ぬ直前に二人の副帝〔＝マクシミヌス・ダイアとコンスタンティヌス〕を正帝に昇格させた。三一二年、コンスタンティヌスはローマ近郊のミルウィウス橋でマクセンティウスを破り、西方の支配者となった。三一三年には、マクシミヌス・ダイアの死後、コンスタンティヌスとリキニウスという二人の正帝だけが残されることになった。彼らが帝国を分け合うことになったのである。東方はリキニウス、西方はコンスタンティヌスだった。彼らは三一六年に初めて干戈を交えたが、共同統治を認めるという合意に達した。しかし、三二四年に戦争は再開され、リキニウスとその息子の敗北と死という結末に終わった。コンスタンティヌスが唯一の正帝として残ったのである。彼が三人の息子と甥の一人に副帝という称号を与えたことは確かだが、副帝たちはコンスタンティヌスに明らかに従属していた。

（C）行政改革――ディオクレティアヌス治世の初めには、ローマ帝国は四七属州に分けられていた。二九七年頃、ディオクレティアヌスは属州をより小さい単位に分割し、その数は一〇〇を超えた。属州は一二の管区にまとめられ、近衛長官代理の管理に委ねられた。これは、帝国が運営するには総体として巨大すぎるということを示しているわけではない。危機のさまざまな諸要素に対処するのに、権力を階層化してその影響力を強めるのが効果的な手段だと思われたのだ、ということを意味している。属州の数は、その後さして変化することはなかった。『ヴェローナ・リスト』（三一二年頃）では一〇八を数え、三七〇年代、ポレミウス・シルウィウスは一〇四の属州を挙げている。四二五年頃には、『官職要覧』が一一六としている。

コンスタンティヌスは、近衛長官／道長官（プラエフェクトゥス・プラエトリオ）の改革によって、ディオクレティアヌスの行政改革を完成させた。それまで二人だった近衛長官は宮廷を離れ、いくつかの管区をまとめたもの〔＝道〕の統治を担った〔それゆえ、これ以降は近衛長官ではなく道長官と訳す〕。コンスタンティヌスは四つの道長官職を創設した。各道、各管区、各属州は、それぞれ皇帝の代理となる者――

道長官、管区代官〔＝近衛長官代理〕、属州総督――が住まう首都と事務局を持ったのである。

このような権力の拡大が両刃の剣だったことは記しておくべきだろう。すなわち、この結果、皇帝権は地方レベルで存在感を増したものの、役人の給与総額が三段階で増えたうえに、権限濫用や汚職が可能な機会も増加したのである。

2 コンスタンティウス二世からテオドシウスまでの皇帝権（三三七〜三九五年）

――コンスタンティウス二世は、父コンスタンティヌスと従弟《いとこ》のユリアヌスのあいだ、三三七年から三六一年まで統治したが、この有名な二人のおかげで損をしている。とはいえ、ディオクレティアヌスとコンスタンティヌスの政治的・行政的な功績をさらに念入りに仕上げたのはこの専制的な皇帝なのである。主たる制度上の名称が、後代に続くような形で確定されたのは彼の治世のことだった。

これらの皇帝たちは宮殿で統治した。宮殿の御前会議（コンシストリウム）という限られたメンバーからなる評議会で意見を聴取し、指令を与えた。これ以降、皇帝顧問会（コンシリウム）はこの名で呼ばれることになったのである。皇帝の補佐官・代弁者として法制長官（クアエストル・サクリ・パラティイ）もそれに出席し、勅令を起草した。行政部門の人びとや工廠、警護隊（スコラエ）を指揮する官房長官（マギステル・オフィキオルム）も出席した。歩兵部隊と騎兵部隊を指揮する軍務長官（マギステル・ミリトゥム）たちも同様である。皇帝金庫を担当する帝室財務総監（コメス・サクラルム・ラルギティオヌム）や、皇帝の個人財産を管理した帝室財産管理総監（コメス・レイ・プリウァタエ）も参加した。シレンティアやセクレタという書記官たちも御前会議に参加することができた。

コンスタンティウス二世はとくに二つの集団の権力を強めたことも記しておくべきだろう。官房長官の権限の下に置かれた特任調査官（アゲンテス・イン・レブス）と書記（ノタリウス）である。彼の治世には、これらの集団は捜査、逮捕、圧迫の淵源となり、コンスタンティウスの治世に抑圧的なイメージを与えることになった。コンスタンティウスの後継者でその従弟だったユリアヌスは、彼らの影響力と役割を旧に復させた。

これらの機関については、こんにちでは、ロラン・デルメールが書きあげた労作のおかげで[1]、より良く分かるようになった。四世紀半ばから彼らの権限が変化したことが知られているのは確かだが、概ね同じまま七世紀初めまで存続したのである。

（1）巻末参考文献【17】【18】。

コンスタンティヌスは騎士身分の廃止を決め、ローマの元老院議員の数を二〇〇〇まで増やしていた。コンスタンティウス二世は、コンスタンティノポリスの元老院の定数をそれと同じにしている。したがって、クラリッシムスを名乗る元老院議員の数は、三〇年ほどのあいだに六〇〇人から四〇〇〇人になったのである。このエリートたち〔＝元老院議員たち〕は、軍事的な熱意など全く持ち合せておらず、宮廷や属州での行政職、あるいは古いローマの公職――それは役職というよりも地位を示すものだった――

を望んでいた。三つの階層に分かれた「側近（コメス）」も付け加えておこう。

三六三年に、ユリアヌスは対ペルシア遠征中にメソポタミアで殺害された。その治世は、課税の軽減と伝統宗教への回帰によって特徴づけられる。その治世後半は、失敗に終わったペルシア遠征の準備とその実行の負担に苦しんだ。彼の跡を継いだヨウィアヌスが統治したのは八か月だけだった。ペルシアとのあいだで不利な和平を結んだ後、ヨウィアヌスはコンスタンティヌスの宗教政策を再び採用し始めたように思われる。

三六四年、帝国は新たな共同統治に入った。パンノニア出身の将校だったウァレンティニアヌスが皇帝として宣言されたのである。ウァレンティニアヌスは、弟のウァレンスをみずからの補助者として、彼に東方の統治を委ねる一方、みずからはライン川からドナウ川にかけての辺境地帯の防衛のために西方を担当した。彼は、新兵の徴募や辺境の防衛、課税などの分野において厳正な措置をとった。さらに、クラリッシムスを名乗るエリート（＝元老院議員）を三つのカテゴリに階層化した。下から、クラリッシムス、スペクタビリス、そして最上位にイルストリスである。彼は、三七五年、グラティアヌス（在位：三六七〜三八三年）とウァレンティニアヌス二世（在位：三七五〜三九二年）という幼い二人の息子に権力を残し、ドナウ川流域で遠征中に死去した。グラティアヌスはまだ少年で、ウァレンティニアヌス二世は幼児にすぎなかった。王朝原理に基づいて若年の皇帝たちを擁立したことで、帝室の大人たちや宮廷や軍隊の高官たちの影響力が強まる端緒が開かれたのである。ゴート族やアラン族と対決したハドリアノポリスの戦い（三七八年）で〔東方を担当していた叔父の〕ウァレンスが殺されてしまったために、この皇帝たちの若さは、簒奪の試みを誘発することになった。まず、三八三年にマクシムスがグラティアヌスを殺害させたのがそれであり、次いで三九二年には、フランク族出身の将校アルボガストがウァレンティニアヌス二世を殺して修辞学者のエウゲニウスを皇帝と宣言させた。これら二人の簒奪者は、それぞれ三八八年と三九四年にテオドシウスによって打ち破られている。〔三七八年にウァレンスがハドリアノポリスの戦いで死んだ後、〕三七九年初頭にグラティアヌスが東方を委ねたのが、このヒスパニア出身の軍人〔＝テオドシウス〕だった。彼はトラキアになだれ込んだ蛮族と妥協する道を選び、ゴート族と同盟協定（フォエドゥス）を結んだ。彼の治世には、三八七年のアンティオキアなどの反乱を引き起こしながらも、課税が強化された。〔テオドシウスという〕この論争の的となっている人物は、宗教に関して強硬な政策をとった。三一三年にミラノで出された通達〔＝いわゆる「ミラノ勅令」のこと〕によって保障されていた信教の自由という原則を破棄して、神殿へ近づくことを禁じ、伝統的な信仰を保証していた公的な補助を打ち切って、伝統宗教を段階的に禁止していったのである。この政策は、アルカディウスとホノリウスという彼の息子たちにも引き継がれ、彼らはニケーア派ではないキリスト教徒に対して過酷な措置をとった。

三九五年にテオドシウスがミラノで死去した後、彼の息子たちは、比類なき軍人で軍務長官だったスティリコの庇護下に置かれた。しかしながら、この共同統治体制は帝国の永久的な分裂となった。コンスタンティノポリスと、西方の皇帝の新たな居住地となったラヴェンナとのあいだで生じた有力者たちの競合関係ゆえに、帝国の両部分のあいだには溝が広がり、分担は分裂（パルティティオ）へと変質していったのである。この分裂の年代を三九五年とするのは誤っている。分裂が生じたのは、むしろ、アルカディウスの死に際して、ホノリウスが単一の帝国を再建すべくコンスタンティノポリスに赴こうとしたのをスティリコが思いとどまらせた四〇八年のことと考えるべきだろう。緋衣はアルカディウスの幼い息子、テオドシウス二世（在位：四〇八〜四五〇年）へと引き継がれた。

四世紀には、属州・管区・道の役人の数が目立って増加した。役人の昇進リストは綿密に保持され、その階層は軍事的な性質を帯びていた。コストの増大を避けるために、四世紀後半にはその数は制限された。野心的な軍人や文官に、こういったポストは将来への見通しを与えていたのである。彼らは諸都市の、あるいは帝国の、同輩たちにとっては恐るべきものと映っていた。実際、都市エリートたちは行政での昇進を目指し、地元の重い負担を逃れようと画策していたのである。

四帝統治体制の成功は、ディオクレティアヌス個人と密接に関係していた。ディオクレティアヌスが表舞台から退くとすぐに、八年とたたずに四帝統治体制は消え去ってしまった。コンスタンティヌスの単独統治によって、世襲による帝位継承という原則が再び確立された。カエサリアのエウセビオスが、この君主〔＝コンスタンティヌス〕を使徒たちと同じような神の代理人とみなす政治神学を創り上げたのはこの頃のことである。これ以降、ローマ風のプリンケプス〔＝市民の第一人者。「元首」〕は、輝きに包まれた荘厳なるバシレウス（＝ギリシア語で「王」あるいは「皇帝」）としての特色を持つようになった。ハドリアヌスの時に始まり、ディオクレティアヌスによって続けられた変革を、キリスト教が完成させたのである。しかしながら、既に見たとおり、世襲原則はあまりに幼い君主の即位という事態を引き起こした。これ以後、皇帝の個性は、その地位の威光に隠れて、二義的なものにすぎなくなったのである。

3　五世紀の西方における崩壊——コンスタンティヌスによって採用された皇帝の王朝的世襲原理は、

皇帝権の弱体化という結果を引き起こした。実際、皇帝の死後、若年の新皇帝が帝国のトップとして残されることがあった。たとえば、三七五年のグラティアヌスとウァレンティニアヌス二世や、三九五年のホノリウスとアルカディウス、四〇八年のテオドシウス二世、四二三年のウァレンティニアヌス三世といった皇帝たちである。これらの皇帝たちは、親族や保護者に統治を委ねなければならなかった。皇帝の母親たちの中には、その役割を果たした者もいる。ウァレンティニアヌス二世の母ユスティナ、ウァレンティニアヌス三世の母ガッラ・プラキディア、テオドシウス二世の姉プルケリア、といった例がある。しかしまた、アルカディウス時代のルフィヌスやエウトロピウスといった道長官や、西方のスティリコ、アエティウス、リキメル、東方のアスパルといったパトリキウスたちも政治的に重要だった。パトリキウスというこの終身の地位はコンスタンティヌスによって創設されたものであり、その保持者を国家のナンバーツーとしたのである。五世紀には、野心的な人間たちが、帝政を維持したまま、国家の主導的役割を果たすことを可能にするものとなった。

西方のローマ帝国が最初に縮小したのはホノリウスの治世（三九五～四二三年）だった。ドナウ川下流域とライン川流域から蛮族が押し寄せた結果である（ドナウ川下流域からはゴート族、アラン族、フン族が、ライン川流域からはフランク族、アラマンニ族、スエビ族、ヴァンダル族が押し寄せた）。

三七五～三七六年に、フン族の進出を恐れたゴート族がドナウ川を越えてトラキアに定住するのを、ヴァレンスは受け入れた。この難民たちの受け入れ態勢が劣悪だったことがきっかけとなり、彼らの反乱を招いた。この反乱が最高潮に達したのが、三七八年八月九日、ハドリアノポリスの戦いであり、ゴート族とアラン族の連合体がローマ軍を打ち破り、皇帝ヴァレンスを殺害したのである。グラティアヌスとテオドシウスは危険性に気付き、三八〇～三八二年に、この新来の者たちを取り込む政策を取った。三八二年十月の同盟協定（フォエドゥス）によって、ゴート族は彼らの王や慣習を維持し、公的な食糧供給を受けながら、トラキアに定住することが可能となった。その代わり、彼らはローマ軍への兵士供給を助けたのである。しかし、テオドシウスの死（三九五年）後の数年間に、ゴート族は帝国内部への移動を再開した。この旅で彼らは四〇〇年代の初頭にはイタリアへと移動した。スティリコによって何度も打ち負かされたにもかかわらず、四〇八年にスティリコが失脚して死んだことを奇貨としてローマ市を包囲し、ホノリウスに対して土地と食糧、金銭を要求した。ホノリウスがそれを拒絶した結果、四一〇年夏にはローマ市の占領と略奪へといたった。略奪自体が首都に及ぼした影響は限定的なものだったが、その余波は帝国全土に及んだ。首都の、すなわち帝国の永遠性が危機に曝されていることが明らかになった。換言すれば、ローマ人の世界という古い観念が揺らいだのである。この一三年後、聖アウグスティヌスは、キリスト教徒はみずからの運命をローマ帝国のそれと結び付けてはならず、キリスト教徒の国家は地上ではなく天上のものだと説くために、その記念碑的作品『神の国』を著したのである。

同じ頃、フランク族、スエビ族、ヴァンダル族が、四〇七年初頭からガリアで、次いで四〇八〜四〇九年にはヒスパニアで、勢力を拡大した。ゴート族は、四一〇年から四一四年にかけて、モノや人といった戦利品を持ってイタリア半島を上ったり下ったりしつつ、彷徨っていた。彼らは、アクィタニア〔現在のアキテーヌ地方。フランス南西部〕に定住するためにナルボネンシス〔＝フランス南部、地中海沿岸〕を横断したが、ホノリウスとのあいだで結ばれた同盟協定によって四一六〜四一八年に彼らが定住することになったのはトゥルーズ付近だった。ゴート族はその地からイベリア半島の大部分を征服した。四二九年、ヴァンダル族は北アフリカへと渡り、一〇年でローマの諸属州を征服した。すなわち、四三九年にはカルタゴが占領されたのである。四三四年には、ブルグント族がウァレンティニアヌス三世から同盟協定によってサパウディア(1)に定住地を獲得した。

これ以降、西方のローマ帝国はイタリアとガリアの一部にまで縮小してしまったのである。

(1) サパウディアとは、ジュラ山脈とアルプス山脈のあいだの地域。レマン湖畔、現在のジュネーブなどが含まれる。〔訳注〕

4　五世紀の東方におけるローマの存続——西方がその属州の四分の三を失う深刻な軍事的問題に直面していたのに対し、東方は、五世紀のあいだずっと、間違いなく経済的繁栄を謳歌していた。テオドシウス二世の長い治世（四〇八〜四五〇年）は、新たな城壁を与えられた（四一二〜四一四年）コンスタンティノポリスの発展と、この皇帝の名を持つ法典（＝『テオドシウス法典』）の出版（四三八年）によって特徴づけられる。

東方の帝国が五世紀にぶつかった問題は三つある。

第一に、キリスト教内部での宗教的対立が激化し、ニケーア派（＝アタナシウス派）とアリウス派のあいだで、四三〇年以降はネストリウス派と単性論派のあいだで、暴力的な分裂が生じたことである。これらの分裂は、重大な政治的影響ももたらした。

第二に、四四〇年以降、皇帝たちは、トラキアへのフン族の到来によって引き起こされた諸問題に直面したことがあげられる。トラキアには東ゴート族も入り込んでいた。テオドシウス二世は、アッティラへの貢納とローマの顕職の付与によって平和を購わねばならなかった。

最後に、ゼノの治世（四七四〜四九一年）は、これら二つの危機要因のほかに、簒奪の企てにも悩まされた。彼の跡を継いだアナスタシウスの治世（四九一〜五一八年）は、五世紀のローマ東方のパラドックスを見事に反映している。つまり、一方では宗教的分裂と「蛮族」やペルシアとの戦争があり、しかしながら他方では、金貨に見られるような国家財政の潤沢さも見出されるのである。

Ⅱ 蛮族問題に直面した軍と財政

1 ローマ軍の改革と変容――ディオクレティアヌスは、紀元前二世紀末のマリウスの時代以来ほとんど変わっていなかった軍団の改革を行なった。定員を一〇〇〇人に減らす一方で、軍団の数は倍増させたのである。それは実情を追認したに過ぎなかった。理論上の定員は六〇〇〇人だったが、帝政前期にも員数が五〇〇〇人に達する軍団は稀だった。この改革の頃には、軍団には二〇〇〇人ほどしかいなかったと考えて良いだろう。

コンスタンティヌスについて言えば、彼は異なるやり方で軍隊をつくりなおした。辺境の軍、辺境防衛兵（リミタネイ）の定員を減らして、帝国内部の軍、野戦機動軍（コミタテンセス）の定員を大幅に増やしたのである。この改革は、防衛的な戦略への転換と言える。辺境部を覆うように配置されていた軍が、帝国内部の各地に置かれる軍にとって代わられたのである。これは帝国内への侵入を容易にしてしまう一種の後退だったが、内側の諸属州をより安全にすることを意図した再編成でもあった。

軍隊の指揮権は、一人、あるいは二人の軍務長官（マギストリ・ミリトゥム）に委ねられた。彼らは宮殿にあって、プラエセンタレスと呼ばれた。しかし、軍務長官はある一地方のためにつくられたものだったかもしれない。すなわち、イリュリクム〔＝ドナウ川流域〕である。外敵の脅威にさらされた属州や管区では、軍は総監（コメス）や将軍（ドゥクス）によって指揮されることもあった。たとえば、北アフリカやオリエントでは、それぞれ総監が確認されている。

2　徴兵――古代末期には、共和政期の徴兵制のような古い仕組みは、もはや遠い過去の記憶でしかなかった。ローマ軍は職業軍人からなっていて、兵士たちは二〇〜二五年にわたって軍務についたのである。

ディオクレティアヌスは、各都市に指定された人数の新兵を提供するよう求めたプロトティピアという制度の代わりに、その責務を地主に負わせたプロトスタシアという制度を次第に用いるようになった。求められた割当人数を集めるために、地主たちは組合（コンソルティウム）を形成するようになっていった。自分たちの土地に良い労働力を確保しておけるように、四世紀には、新兵提供の代りに金を支払うことが認められた。史料上、この仕組みは金納新兵税（アウルム・ティロニクム）と呼ばれている。プロトティピアは、東方では三七五年に廃止された。

市民は徴兵を逃れようと試みた。たとえばエジプトで見られたように砂漠に逃げたり、親指を詰めたり、ごく稀で四世紀にしか見られないけれども、キリスト教信仰について議論したり、といった具合である。

こういった現象を抑止し、徴兵規模を拡大しようと試みた法令は、四世紀を通してたびたび見られる。ヴァレンティニアヌス一世やテオドシウスは、兵士不足に対処するために数多くの措置を取った。逃亡兵に対する厳罰、身長規定の緩和（ただし、この法については議論がある）、蛮族兵の徴募、軍役の世襲化、である。

3　蛮族への依存――コンスタンティヌスの時代以来、ローマ軍はその司令部のポストの中に蛮族の長を含むようになり、一部の部隊では蛮族兵も見られるようになった。

同盟部族（フォエデラティ）は、ローマ領に定住し、彼ら自身の王独自の権威のもとで暮らすことを許された。彼らは租税を納め軍役を果たさねばならなかった。ゲルマン人の国境警備兵（ラエティ）は、一般にローマ人士官の指揮下に置かれた軍部隊を構成していた。最後に、この階梯の一番下には、敗北し捕虜とされたうえ、強制的に補助軍に登録させられた蛮族（デディティキ）が存在していた。

四世紀末以来ますます増加することになったゴート族やアラン族、フン族の兵士たちの忠誠は、食糧と俸給を継続的に支払うことによって確保されていた。したがって、軍事的な問題は、なによりもまず財政的な、すなわち税制上の問題だったのである。

4　防衛のコストと財政負担――ローマ軍と防衛体制を維持するためのコストは非常に高くついた。四

帝統治の時期にかなりの軍事的努力がなされた後、さまざまな要因ゆえに大規模な常備軍を維持することが必要になった。

まず、コンスタンティウス二世以降、ササン朝ペルシアとの戦争がつづいた。それ以来、休戦することもあったとはいえ、ローマ＝ペルシア戦争は、七世紀にササン朝が最初のアラブ人の征服の波に直面するまで、何度も燃え上がる烽火のようなものだった。

三六〇年代以降永続的なものとなった蛮族の移住に対処するために、防衛の必要にも迫られていた。まず、ライン川やドナウ川の流域で、次いでトラキアやイリュリクムで、四〇〇年以降には、最終的にはイタリアやガリアやヒスパニアで、さらには北アフリカでも、対処が必要とされることになった。

帝国内部での反逆を減らすのに軍隊が果たした役割を過小評価してはならない。すなわち、アストゥリアス人や北アフリカのマウリ人、ブリタニアのピクト族やスコット族、小アジアのイサウリア人についてである。

ローマ軍は二五万から三〇万の人員からなっていた。部隊への補給や支払いは道長官の責務であり、租税からの上がりのかなりの部分をそのために当てていた。こういったものにかかる費用が高かった他、危険な地域でリメスの防衛施設を維持・修復したり、更新したりするための費用もかかった。諸都市の

市壁を補強する費用も残されている。

軍内部での腐敗によって資金が本来の目的からはなれ流用されるという事態が生じていたことも付け加えれば、公的資産の大半が軍事に振り向けられ、支出の増大が財政の逼迫を招いたと想定される。その分、エヴェルジェティスムや生産への投資は減少することになった。

5 軍事的問題への打開策――四世紀後半には、ローマ軍の抱える問題を解決するための処方箋を二人の著述家が提案している。

皇帝たち――恐らくウァレンティニアヌスとウァレンス――に宛てた長い書簡の中で、『戦争論（デ・レブス・ベッリキス）』の著者は新しい軍の雇用といくつかの構造的な改革を推奨している。その数年前には、ユリアヌス帝が攻城兵器について小論の中で関心を寄せていた。四世紀末には、ウェゲティウスがウァレンティニアヌス朝の別の皇帝に対して四巻本からなる『軍事論（エピトマ・レイ・ミリタリス）』を献呈した。この著作は理論書で、軍事史的な事例を省いており、先行するラテン語作家たちから着想を得た部分が大きい。『戦争論』の氏名不詳の作者が革新を志向していたのと同様、ウェゲティウスは、もはや存在していなかった理想的な軍隊を描くためにそれを過去に求めた。これらの著作は、構造的な危機とその解決策を見出そうとする関心とを同時に物語っている。これらの著作の存在は、五世紀に帝国が経験した不幸は「軍事的に説明される」というアーサー・フェリルの説を部分的には支持している。

Ⅲ　経済の継続性とその転変

末期ローマ世界の経済に関するさまざまな側面は、いくつかの重要史料から知られている。『テオドシウス法典』や『ユスティニアヌス法典』、『新勅法集』が、三一二年から七世紀初頭までの非常に豊富な史料集成を提供してくれている。さらに、それに碑文を追加することもできる。三〇一年の価格・料金・給与などに関するディオクレティアヌスの勅令、いわゆる最高価格令のようなものである。オクシリンコスの集成のような数多くのエジプトのパピルスも残っている。

とくに二人のフランス人研究者、ロラン・デルメールとジャン＝ミシェル・カリエによって主導された諸研究は、古代末期の経済に関するわれわれの理解を大幅に深めてくれた。それらの研究はこの世界が非常に複雑だったことを明らかにし――断定よりも仮説にとどまることが多いのだが――、とりわけ二つの点について通説的な理解を大幅に改めた点に功績がある。すなわち、想定されていた経済的危機と国家の「経済への」介入の性格である。第一の点については、地域的な事柄ならともかく、諸史料から一般的な事象を確立することはできない。第二の点については、史料の綿密な検討からは、経済分野で何らかの国家主義的な事象を読みとることはできない。つまり、史料から確認できるのは、国家のものとなっている所領への通常の介入と、公共の利益への介入だけなのである。

1　資源と生産

（A）農業生産――ローマ世界は基本的に農業で成り立っていた。いくつかの生産物が支配的な存在だった。穀物、ワイン、オリーブ油である。量的には重要性で劣るものの、付加価値のあるものとしては、塩や蜂蜜があった。蜂蜜は古代の人びとにとっての甘味料であり、さまざまな料理の材料として含まれていた。主な穀物生産地帯は、シチリア、北アフリカ、エジプトだった。それらに比べれば劣るものの、ガリアやヒスパニアでも穀物生産は盛んだった。イタリア、ヒスパニア、ガリア、北アフリカ、シリア・パレスチナの沿岸地帯は、主要なブドウ生産地だった。オリーブ油に関して言えば、ヒスパニア（とくにバエティカ）が主産地だったが、アウグスティヌスに言わせると、最高なのは北アフリカのもの、ということになる。

牧畜の中では、娯楽用としても軍事用としても、馬が最も重要な役割を果たしていた。重要な馬産地だったのは、イベリア半島、小アジア、シリア、トラキア、そして北アフリカである。牧場は軍用の新馬の供給を担ったほか、著名な飼育員は競技場での見世物用に純血の高価な馬を育てていた。

（B）織物・陶器・木材・金属――窯業は、鉱業とならび、産業と評価しうる唯一の分野である。アンフォラは海上輸送で用いられた容器だった。ワイン、オリーブ油、ガルム、蜂蜜などの液体にも、穀物にも、干物にした肉や魚にも用いられた。北アフリカやガリア・ナルボネンシス、北イタリアのような大規模な農業地帯は、アンフォラの一大生産地でもあった。

ヒスパニアは帝国の中で最も鉱業が盛んな地域であり続けた。銅、鉄、銀、鉛、錫、金が採掘された。他に採掘地だったのは、イリュリクム（銀、鉄）やキプロス（銅、鉄）である。木材はさまざまな用途に使われる消費財だったが、とりわけ北アフリカで不足していた。小アジアはその主要な供給源だった。

織物は帝国の全管区で生産されていたが、主なものは毛織物と亜麻布だった。古代末期には、極東からもたらされた絹に対する熱狂《クラリッシムス》ぶりが知られている。生糸としてシリアに持ち込まれ、工房で染色された。帝室の衣装係や元老院議員たちがその購入者だった。

2　商業ルート

——大規模な商業ルートは帝政前期のものと同じだった。それらは、ディオクレティアヌスの勅令〔＝最高価格令〕から確認できる。主たる新しい点はコンスタンティノポリスの創設によるもので、三三〇年代以降、東方の商品はこの都市に集まった。

東方のコンスタンティノポリスやアンティオキア、アレクサンドリア、西方ではローマやカルタゴといった帝国内の大都市は一大消費地だった。ローマとコンスタンティノポリスは消費と取引の場ではあったが、この二都市から輸出されるものなどほとんどなかった。その意味で、ローマはコンスタンティノポリスよりもひどかった。カルタゴやシリアの港湾都市のほか、とりわけアレクサンドリアといったケースは逆である。アレクサンドリアは小麦やパピルスといったエジプト産品の輸出や、紅海やアラビアの砂漠を通ってやってきた東方の産品の再分配によってその富を得ていた。したがって、貨幣の流れは逆だった。ソリドゥス金貨の流れは西方から東方へ向かっており、東方を潤していたのである。

古代には「マクロ経済」という概念は存在しなかった。商業的均衡という観念も不在である。それゆえ、富の認識は不動産に基づいており、販売力よりも購買力や消費力によって形作られた。また、ローマ帝国は、有用な産品の便益をみずからが享受し、ゲルマン人やペルシア人といった隣人たちにそれを与えないようにするために、それらを帝国内にとどめおいた。輸出を禁じられた「不法な」商品には、金属や武器のほか、とくに重要な食料品（穀物、ワイン、塩、オリーブ油、ガルム）が含まれていた。この禁輸品リストは、四〜五世紀を通して長くなる一方だった。購入意欲は持続していたから、自給自足的な傾向にあったというわけではない。しかし、国家はそれをコントロールすることができた。たとえば、ローマ人とペルシア人のあいだの商業において見られるようなもので、ホノリウスとテオドシウス二世の勅令によれば、その取引は、ニシビス、カッリニクム、アルタクサタという三つの都市でしかできなかった。違反者は、商品の没収、罰金、追放、といった刑に処せられたのである。

3　強い通貨と弱い通貨――二八四年に皇帝となったとき、ディオクレティアヌスが直面したのは、通貨の品位が極端に低下した状態だった。帝国は、とりわけ二五〇年代以降、破局的なインフレを経験していた。ディオクレティアヌスは通貨改革を試みて平価を切り下げ（三〇一年のカリアのアフロディシアスの勅令）、価格、給与、料金について最高価格令を発布した（三〇一年）。しかし、それらは失敗に終わった。良貨は貯めこまれ、価格は上がり続けたのである。

コンスタンティヌスはこの長期にわたるインフレーションに終止符を打った。七二分の一ローマ・リブラ（＝四・四グラム）に相当する金貨、ソリドゥスをつくり、この金貨は古代末期を通して基軸通貨となった。コンスタンティヌスはソリドゥスを租税や罰金の支払いによって、また役人たちの給与の支払いによって流通させた。それによってこの良い貨幣は流通することになったが、その価値ゆえに他の通貨が弱くなってしまい、ソリドゥスを使うことのできないような社会階層の人びとの貧困化を招いた。実際、銀貨はほとんどつくられなくなった。金貨を使う金持ちと合金でできた補助的な貨幣を使う貧民とのあいだの溝はますます拡大していった。四世紀中に、ソリドゥスの半分、あるいは三分の一の通貨、セミスやトレミスもつくられるようになったが、この溝を埋めることはできなかった。アナスタシウス治下につくられた青銅製のフォリスでさえも無駄だった。

4 農村の繁栄と農業の諸問題

（A）ローマ世界では、財産の基礎は土地だった。ローマの元老院家系は、帝国内の三大陸に分散した大所領を所有していた。それらは管理人に委ねられ、その管理人が運営責任者（プロクラトレスやアウクトレス）や奴隷、コロニという自由身分の耕作者たちの一団を率いていた。皇帝もこのような大所領の持ち主の一人だった。

中小の自作農もいたし、小作農もいた。公有地の小作人は、諸都市や国家に対して、共和政期と同様、ウェクティガルという賃貸料を支払っていた。地主から貸し出された土地に関しては、おもに分益小作制がとられていた。つまり、小作人は毎年収穫の半分を支払っていたのである。

（B）ローマ世界の農業生産力は、古代末期のあいだ、税や新兵徴募に関するいくつかのしつこい問題に悩まされ、耕作放棄地を生み出した。

1．耕作放棄地を示すアグリ・デゼルティという表現は、新しいものでもなければ古代末期特有のものでもない。紀元前二世紀のイタリアも、後二世紀末の帝国も、それぞれ違う理由でこの事態を経験していた。税収と農業生産を増やしたいという国家の願望ゆえに、この農村部からの逃亡という災厄が引き起こされ、法律でそれを抑制しようと試みられたのである。

2．農村地帯の浮浪者——不幸にも不作と厳しい取り立てが結びつくと、小農民は没落し、浮浪するようになった。インクィリニという移動農業労働者のカテゴリも帝国内には存在していた。彼らの中には略奪で暮らしていくために徒党を組む者もあった。つまり、四世紀の北アフリカにおけるキルクムケリオネスや、三〜五世紀にかけてのガリアやヒスパニアにおけるバガウダエといった集団である。

3．小作制（コロナトゥス）——農業奴隷が存在し続けたにせよ、末期帝国をおもに特徴づけたのは、条件の悪い小作制（コロナトゥス）が広まったことである。理論上は自由人だったが、小作人たち（コロニ）は他人の土地を耕していた。コンスタンティヌス以来、彼らは土地に縛られ、そこを離れる権利を失った。それ以来、彼らの境遇は、奴隷より酷くはないものの、それと似たものとなった。奴隷に関して言えば、諸史料の示すところによると、不安定なインクィリニになり下がってしまう解放奴隷や、ほとんど羨ましくもない小作人（コロニ）よりも、自分たちの境遇を好ましいものと思っていたらしい。

4．東方の特色：パトロネジー——国庫から逃れようとして、東方の農村部の共同体の中には贈物と引き換えに軍人の庇護下に入るところもあった。リバニオスの土地にいたユダヤ系の小作人たちがそれにあたる。西方ではこういった習慣は知られていない。

5　都市への食糧供給と窮乏——末期のローマ世界には、他よりも圧倒的に人口の多い都市が五つ存在した。

ローマ、コンスタンティノポリス、アレクサンドリア、アンティオキア、そしてカルタゴである。四〇八～四一〇年頃まで、ローマの人口は八〇万を数えた。四一〇年の略奪以降、その人口は三〇～四〇万に減少し、五世紀を通してその人口は維持された。ローマを新たな災禍が襲ったのは六世紀中のことである。ゴート戦争は、その人口を八万ほどにまで低下させた。この間、コンスタンティノポリスの人口はとどまることなく増加し続けた。四世紀末に三〇万ほどだったその人口は、五世紀のうちに恐らく八〇万に達した。アレクサンドリア、アンティオキア、カルタゴについて言えば、その人口は一〇～

一五万のあいだだったと推測される。

これほどの人口は、公的な食糧供給システム、アンノーナによってしか維持されえなかった。ローマやコンスタンティノポリスでは、この仕組みは一〇〇〇〜一五〇〇人ほどの役人を必要とし、首都長官の配下である食糧長官の下に置かれた。実際、コンスタンティヌス以降、食糧長官はもはや皇帝の直属ではなくなった。管区代官や属州総督は、毎年、諸都市が無償で供出せねばならない穀物やワイン、オリーブ油、豚肉の割当てを通知された。それらの輸送は、船主の役割を果たす土地所有者の財政的な責任の下で遂行された。イタリア中南部を移牧しながらローマへとやってきた豚を除き、他の食糧は海路で運ばれた。何度も計量のうえ確認されてから、これらの品物はこの町に届き、権利を持つ市民たちに分配された。四一〇年まで、ローマではその人数は二〇万を数えた。コンスタンティノポリスでは、都市人口に合わせて増やされるより前には、その人数は八万と定められていた。三六九年以降ローマでは、豚肉と同様、パンが無償で配給された。ワインは原価で販売された。オリーブ油が、配給されたのか販売されたのかは分かっていない。

ジャン・デュリアの研究に従えば、国家によって生活の糧を保証されていたローマの住民の割合は四〇パーセントだったと想定されうる。この複雑で面倒な仕組みを問題なく機能させるには、平和で充分な収穫に満たされた国家であることが前提となる。不作や時化《しけ》、戦争による取引停止はすぐさま飢饉の脅威へとつながり、社会不安を引き起こした。それゆえ、アルカエという救済基金に頼ったり、コエンプティオあるいはシノネという信用通貨による購入に訴えたり、あるいは他の属州から小麦を持って来させたりしたのである。

ローマ市の食糧供給制度をもともとの規模で維持していけなくなった理由が、四二九年から四三九年にかけて北アフリカの支配権を失ったことだった、というのは注目に値する。それ以降、シチリアとサルディニアに頼って暮らすことを余儀なくされたので、ローマの人口は五〜六世紀に減少を見ることになったのである。

6 租税——ローマ帝政後期の財政制度の基礎は、ディオクレティアヌスによって着手され、コンスタンティヌスによって固められた。しかし、細部の変更しか知られていない。

農村部のローマ人たちは、カピタティオという人頭税とユガティオという土地税を負担していたが、都市部の住民はその限りではなかった。この制度は、戸籍と土地台帳の存在を前提としていた。三一二年から、土地台帳の改訂——インディクティオ——は一五年ごとに行なわれた。ジャン＝ミシェル・カリエの研究成果の指し示すところによれば、ユガティオという制度が帝国全土で統一のものだったわけではなく、すべてが分かっているわけではないにせよ、さまざまなバリエーションがあったという。これは注目すべき点である。

コンスタンティヌスは、商人が四年ごとに支払わねばならないクリュサルギュロンという租税を創始した。少額にもかかわらず非常に不人気で、アナスタシウスによって廃止されて、人びとに喜ばれた。元老院議員たちについて言えば、皇帝の誕生日の奉納金（アウルム・オブラティキウム）のように、その財産に応じて四年ごとに元老院議員土地税（コラティオ・グレバリス）を納めねばならなかった。諸都市も同様に、王冠金を支払わねばならなかった。

租税の上がりは属州総督によって集められ、さまざまな会計に分配された。すなわち、道長官の金庫、皇帝の恩賜金庫、皇帝の私有財産（レス・プリウァタ）である。その責任は大きく、税の徴収を担ったのは帝国の役人だけではなかった。都市の名望家や都市参事会員のほか、大所領主や、諸都市の平民擁護官（デフェンソル・プレビス）にも同じ様に委ねられた。

Ⅳ　ローマの「没落」問題

1　現実か、あるいは誤った問題設定か

（A）国家管理、統制経済、全体主義？――退廃、衰退、没落というこれら三つの言葉は、帝政後期の体制を形容するのに、深い考えもなく、時には軽率に、用いられている。実際、その体制が、二世紀

に比べ四世紀にさらに国家管理主義的だったということはほとんどない。それでは、一層統制経済化が進んでいたというのはどうだろうか。この見方は、統制経済化が進んだかに見える法史料に依拠している（三〇一年の最高価格令、職能団体や食糧供給に関する諸規則）。宗教分野における皇帝たちの介入や、キリスト教だけを承認したという事実による全体主義もそこに付け加えられる。帝政後期のある種の青写真は以下のように形作られている。すなわち、専制君主政、中央集権、権威主義、統制経済、全体主義であり、それというのも、市民はもはや臣下となり、自由も宗教的自由もない状況に置かれていたからである、と。一九八九年冬のルーマニア革命に際しても、特任調査官（アゲンテス・イン・レブス）はコンスタンティウス二世の秘密警察だった、というような話までが持ちだされたのである。

このような見方は、史料に基づいた検証には耐え得ない。権力は確かに階層化され権威主義的だった。しかし、それは共和政ローマにおいて既にそうだった。帝政後期になって変わったことと言えば、数が増え小さくなった属州の中で、属州総督と一〇〇人ほどの役人が配置された役所によって、権力がよりはっきりと表わされるようになったことくらいである。とはいえ、買収や腐敗もまた増加した。

統制経済について言えば、それは神話にすぎない。国家は、みずからに関わるものについて規制しただけであり、自由市場を支配しようなどとはしなかった。

全体主義だったわけでもない。四世紀は信教の自由が保障された時代だった。確かに、テオドシウスの諸法はキリスト教の儀式以外の他の儀式を禁じており、その息子たちの諸法もそれを補完している。

しかし、そのような法があったにも関わらず、異教的な儀式は五世紀を通して実践されていた。むしろ法律の偏重ということについて言えば、帝政末期の数世紀、とくに五～六世紀が、古いものも新しいものも含めて、帝国を運営する法が編纂された時代だったことは事実である。しかし、それは二世紀中に始まっていた変容の延長なのである。末期のローマ帝国は、ヘレニズム諸王国がそうだった以上に国家管理が進んでいたということはない。ただし、統治構造、役職のヒエラルキー、軍事力、法学、国家と結びついた宗教の制度的で公的な性格、といった、ローマの伝統的な諸特徴を最終的な形に完成させたのである。キリスト教がこれらの所与の条件を変えることはなかった。キリスト教はそれらの中に、強制権を得る所まで入り込んだのであり、キリスト教自体が変化したのである。

この点で、末期のローマ帝国は、むしろ近代国家の原型だったのではないだろうか。

（B）西方の衰微に関する説明——知識人たちは、生じることのなかった、机上の空論でしかないような出来事の原因を歴史的に説明しようとして、ローマの偽りの「没落」に魅惑され続けてきた。「没落」とは、四一〇年のゴート人によるローマ劫掠から生まれた観念である。この不幸な出来事をなんらかの処罰として説明するために、この観念はキリスト教徒や異教徒によって実際に起こりうるものへと変えられたのである。キリスト教徒にとっては、ローマは衰えていた。その罪と改宗の遅さゆえに、ローマはバビロンと同じ運命をたどる危険に曝されていた。異教徒にすれば、儀式と父祖の神々に対する不信心ゆえに、その歴史は終焉を迎えかねなかった。西方の帝国の弱体化は、さまざまな出来事が結びついた結果だった。すなわち、地方名望家の逃亡と都市財政の貧困化による諸都市の衰弱、数多くの役人たちが配置されたことによる行政コストの上昇、傭兵軍が増加したことによる防衛費の増加である。これらの束縛が結びついて、市民の郷土愛を弱めてしまうような抑圧的な税制が生み出されたのである。病理学的な説明はどれだけ信用できるだろうか。鉛による水質汚濁に端を発した死にいたる病でエリート層が弱体化したという仮説を提出した医師たちがいた。ローマ人が鉛製のカップで水を飲み、諸都市の配水管が鉛でできていたことは確かである。しかし、皇帝たちが腹を下した原因がすべてこのせいだったというのだろうか。考古学的には、鉛中毒の痕跡は鉛職人のところでしか見つかっていない。鉛中毒は限られた人のかかる職業病だったのである。反面、疫病を思い起こすなら、この問題はもう少しありそうな事柄である。三世紀後半(二五〇〜二七〇年頃)には、疫病は帝国全土に深刻な影響をあたえた。その後、四世紀はその影響を免れたが、五世紀には、多くの史料が、あちこちで疫病が流行ったことを伝えている。また、「ユスティニアヌスのペスト」と呼ばれる六世紀の大規模な腺ペストについてはよく知られており、西方にその破滅的な影響が広がるよりも前に、東方では五四一年から劇的な高さの死亡率に達していた。ローマ帝国の人口がその影響を受けたことは疑いようもない。この伝染病は、マラリアやその他の疫病——ディシンテリア(赤痢《ディサントリ》ではない)やグランドゥラと呼ばれる——のような従来の病気に、さらなる致死的な影響を追加したのである。三十〜四十歳くらいだった平均寿命は低下し、この疫病は多くの命を奪った。しかしながら、病気だけで西方の弱体化を説明することはできない。

実際、同じ病気の影響を受けたのに、東方のローマ帝国は存続したのである。エウァグリオスは、コンスタンティノポリスでの犠牲者を三〇万と推定している。他方、この災厄がピークに達したのは、西方の帝国が消滅してから何十年も経った後、六世紀中のことで、新たな諸王国においてであった。「蛮族」もまたその犠牲者だったのである。

一九五八年に、J＝C・ラッセルは、紀元後の最初の六世紀間のローマ帝国の人口の減少を五〇パーセントと推定した。非常に大きな数字ではあるけれども、十四世紀の黒死病の災禍と比べてみれば、この数字があり得ないということはない。また、危機の時代には、この減少に幅を持たせる必要もあるだろう。二五〇〜二七〇年に多くの人が亡くなった後、五世紀の初めまで長きにわたって小康状態が続いた。その後、六世紀にはユスティニアヌスのペストという災厄が生じた。病理学的な観点からみると、古代末期というのは、人口学的な二度の危機に挟まれた幾分か平穏な時代（二八〇〜四四〇年頃）だったように見える。したがって、農業や軍事上の問題に現われるように、人口の不足に苦しんだ時代と見ることもできる。

（C）イリュリアという過小評価された問題――帝国が二つに分断された状態が永続化していったのは、イリュリア地方が弱体だったから、という理由もある。イリュリアは帝国の地理的な中心に位置している。その上、ラテン語圏とギリシア語圏を結びつけ、帝国の一体性を保つのに不可欠な繋目だった。しかし、多くの人びとが行きかうドナウ川の国境沿いであり、幾人もの皇帝たちによって強化されたとはいえ、西方の都（ローマ、ミラノ、ラヴェンナ）と東方の都（コンスタンティノポリス）に挟まれた脆弱な地域だったのである。

イリュリクムの行政上の地位は、この弱さを反映したものだった。時には管区であり、時にはいくつかに分割された属州であって、その一部は西方に、残りは東方に属していた。西方と東方のあいだで綱引きがあり、その後、五世紀初頭には両帝国のあいだの紛争の火種となった。その結果、両帝国の狭間で一種の「無主地《ノーマンズランド》」となり、そこに三七六年以降ゴート人が、六世紀にはスラヴ人が流れ込んだのである。

もしコンスタンティヌスが新しいローマを築くのにビザンティウムではなくシルミウムを選んでいたら、ローマ帝国の運命は恐らく違っていただろう。

2 ユスティニアヌスからヘラクリウスまで（五二七〜六四一年）

――ユスティニアヌスの長い治世（五二七〜五六五年）は曖昧さでもって表わされる。五三二年に彼を追い落とす寸前までいったニカの乱の後、北アフリカをヴァンダル族から（五三三〜五三四年）、イタリアを東ゴート族から（五三五〜五五二年）、ヒスパニアの一部を西ゴート族から（五五〇〜五五二年）奪い返したがゆえに、この皇帝は称賛された。それによって彼は西方の一部を帝国へと再統合したが、それは一種の復興《ルネサンス》だったのである。しかし、この再征服のコストは巨大だった。その上、この再征服はローマとイタリアを疲弊させた。さらに、この再征服は一時的なものにすぎず、五六八年に始まったランゴバルド族の侵入圧力に対処できたのは、ラヴェンナやローマといった一部の地方にすぎなかった。これは、カロリング朝やオットー朝以前の、古代では最後のローマ〔復興〕の夢だったのである。ユスティニアヌスは、帝国がラテン起源であることに愛着を持ち続けた最後の皇帝だった。彼の後、東方の帝国は避けがたくギリシア化していった。六〇三年にローマの元老院はフォカス帝の肖像を受け取って歓呼の声で迎え、皇帝は六〇八年にフォルムに記念柱を建てさせた。これが、都市ローマとコンスタンティノポリスのローマ皇帝のつながりを示す最後の確実な証言である。しかし、東方の帝国にローマを称する意思がなかったわけではない。東方の帝国においてローマ性が消え去ったと言えるのは、ヘラクリウス帝治下（六一〇～六四一年）である。ヘラクリウスは伝統的な皇帝の称号（インペラトル・カエサル・アウグストゥス）を捨てて王（バシレウス）という称号を採用し、行政機構を改めて属州（プロウィンキア）の代わりに軍管区（テマ）を設置した。さらに、アラブの最初の征服が起こったのも彼の治世である。六三六年にローマ人はヤルムークの戦いに敗れ、シリアを失った。数年後にペルシア帝国が瓦解した後、メソポタミアの諸属州とアルメニアやエルサレムも〔アラブ人に〕譲ったのである。六四六年はアレクサンドリアの番だった。こうして、東方の三大都市、アンティオキア、エルサレム、アレクサンドリアは、ローマ世界に入って七世紀を経たのち、ついに失われたのである。

ローマ文明はアラブ人の文明に何も遺さなかった、という通念が流布しているが、その見方は誤っている。実際、アラブの遊牧民は、高度に都市化されたローマ社会と、水道から流れ出る水が大きな役割を果たすような都市生活の技術に出くわした。図書館では古い文字文化にも接した。ペルシアの影響とまったく同じように、ローマ文明はアラブ文明が初めて作り上げられるのに貢献したのである。

第三章　キリスト教化とローマ性

古代末期を構成する要素のなかで、キリスト教化はまぎれもなく最も決定的なものである。三一二年にコンスタンティヌス帝がキリスト教に改宗し始めたとき、この宗教は既に古い宗教であった。キリスト教は二世紀半にわたって、つまり一二世代にもわたって、既に帝国内に拡大していた。そして、散発的な迫害の対象となり（六四年、ローマ〔ローマ大火、ネロ帝治世〕、一七七年、リヨン〔マルクス・アウレリウス帝治世〕）、その後、迫害はより全般的なものとなった（とりわけ二五〇～二五一年〔デキウス帝の迫害〕と三〇三～三一一年〔ディオクレティアヌス帝とガレリウス帝の迫害〕）。

四世紀、キリスト教はローマ人の多数派を占める宗教ではなかったが、強力な少数派の宗教であった。その共同体の密度は地域によって異なった。そのうえ、典礼、言語、さらに異なる教義によって教会が分かれ、この相違がしばしば闘争へと発展した。コンスタンティヌスの改宗と彼がキリスト教会に与えた保護は、土地や金銭的な財産に加え、政治的な力を増すことにも貢献した。この状況は、テオドシウス朝〔の皇帝たち〕がキリスト教をローマ人の公的な宗教とする四世紀末から五世紀初頭まで続いた。

長いあいだ、ローマ帝国のキリスト教化という問題は、古代文化との対立という観点から議論されてきた。帝政後期は、キリスト教が古代文化に対して勝利した時代とされてきたのである。こうした物事の二項対立的な見方は、イデオロギーを強く反映したものであり、史料の精査には耐えられなかった。それとは逆に、キリスト教が古代文化の中で発展し、その文化自体を吸収するにいたったことは明白である。キリスト教は、古代文化に育てられ、それを身に着け、みずからのためにそれを受け入れ伝えたのである。木の上のカメレオンのように、その支柱となったもの、すなわちローマ帝国とローマ文化に合わせて、キリスト教はそれぞれの色に変化した。暦に関していえば、キリスト教の記念日を並置させ、ローマの古い祝祭日を徐々に抹消していった。ギリシア・ローマの古典文化によって育てられたキリスト教の教父たちは、新たな重要な地層、すなわちそれ自体もまたヘレニズム化された聖書文化を加えながら、こうした伝統を受け入れていった。しかし、このことはホメロス、ウェルギリウスやキケロを放棄したことを意味するのではない。司教が古典作家の文法や技巧を誹謗するようになるには六世紀の到来を待たなくてはならなかった。司教たちの声は未だ大きな影響力をもたなかったのである。

したがって「この時代は」古代文化を一掃するというにはまだ程遠く、むしろキリスト教がその存続を保証していたといえよう。キリスト教がそこに新たな貢献を加えつつ、古典作家たちを後世に伝えたというのが、古代末期文化の主要な特徴なのである。

I　キリスト教会の権力伸長

二～三世紀には、世に知られ勢力を持ったキリスト教徒の共同体が存在していた。二五〇～二五一年の迫害、そして三〇三～三一一年の迫害は、とりわけ東方において多くの犠牲者を生んだ。三一三年六月のミラノ書簡〔＝いわゆる「ミラノ勅令」〕は、キリスト教徒に信仰の自由、その〔宗教的な〕務め、そしてその財産を回復させた。しかし、キリスト教に金銭や土地といった形で恩恵を与えることで、コンスタンティヌスはさらに先へと進んだのである。また、キリスト教会は、新たに認められた法人格のおかげで、遺贈や贈与を受け取ったのだが、それは教会の物質的な力を著しく発展させた。さらに、社会における教会の地位は、司教たちの権力を媒介として、高まっていった。

1　共同体の増加と司教の優位

古代末期がそうだったところの前小教区教会制キリスト教では、共同体の枠組みは都市であった。共同体は司教によって統制され、司教は都市参事会員たちと並び、都市の新しいエリート集団を構成した。キリスト教徒となった貴族たちもまた、その〔司教という〕職務の高い地位に惹き付けられていた。司教は、共同体あるいは近隣の司教たちによって選ばれた。この選出が、高位の公職ゆえに知られた人びとのために行なわれることもしばしばだった。たとえば、ミラノ司教アンブロシウスが好例である。あるいは、トゥール司教マルティヌスのように、その修道院生活ゆえに選出されることもあった。あるいは、その両方の場合もある。後者の例としては、五世紀のオーセール司教ゲルマヌス、六世紀末の教皇グレゴリウスが挙げられる。

四世紀以降の法律は、多くの都市がそのエリートたちを都市参事会の中で維持することに問題を感じていたことを示している。予算の不足を理由に、都市参事会の負担はしばしば背負いきれないほどになり、エリートたちはその肩書きを持つことすら避けるようになった。神官職を選ぶ人物のほか、属州や管区、あるいは道行政の諸機関に務める者もいた。彼らを〔都市参事会に〕復帰させることを強要する法律も多かった。しかし、実態はこんなところだろう。つまり、たいていの場合、都市のエリートたちは自発的に都市の運営から身を引いた。その〔権力の〕真空状態が、司教たちの地位と役割を増大させたのである。五～六世紀のあいだ、この弱体化した〔都市という〕構造に課された役割を司教たちが引き受けたことで、彼らは都市の第一人者となった。これはローマにもあてはまり、次第に司教が首都長官に対して優位に立っていった。この変化は、六～七世紀にかけての古代都市から中世都市への変貌の最も顕著な様相である。

2　決定的な四世紀

一九四七年、アンドレ・ピガニオルは、三二五年から三九五年までのローマ帝国を描いたその著作に『キリスト教帝国』[(1)]というタイトルを選んだ。コンスタンティヌスは、確かに最初のキリスト教徒皇帝であった。それはおそらく三一二年からだが、この問いには論争がつきまとう。しかし、相応しからぬ表現を再び取り上げると、「キリスト教の勝利」が、四世紀末より早いということはない。もし、キリスト教帝国が存在するとすれば、それは五世紀にしか通用しない。実際、三一三年——諸信仰の自由の基礎を築いたミラノ書簡の年——から三九四年——キリスト教を国教としたテオドシウス帝の最後の法律の年——まで、地方的な、あるいは束の間の例外を除いて、ローマ帝国は宗教選択の自由および信仰活動の自由を認めた体制のもとにあった。

(1) 巻末参考文献【25】。

コンスタンティヌスとコンスタンティウス二世の時代には、確かにいくつかの供儀に関する規制がしかれたものの、伝統的な公的宗教〔＝異教信仰〕にとどめの一撃が加えられたのは三八〇年から三九四年のあいだである。多くの法律が、祭司の収入を差し止め、そして供儀、次に教団を禁止し、最終的には神殿への出入りを禁止した。同じ時期に、テオドシウス帝はキリスト教の異端とも戦った。三九五年のテオドシウス帝の死の際には、ニケーア派のキリスト教だけが公認されていたのである。

3　皇帝と司教の関係：共謀と距離

コンスタンティヌスを皇帝教皇主義の先駆者とみなす著作家は非常に多かった。これは、一種の推定、すなわちイデオロギー的性質を過去に投影した結果である。確かに、三三六年の『即位三〇周年記念演説』においてカエサレアのエウセビオスによって展開された皇帝権の概念の中に、その萌芽が認められる。四世紀の皇帝たちが、彼らの信条を理由として、宗教的な領域に介入したのは事実である。しかし、これらの多くの介入の主たる関心が治安を維持することにあったと指摘するのは、きわめて重要なことである。実際、四世紀は教会間の分裂の時代であり、その緊張は暴力的な対立をも引き起こした。したがって、皇帝たちの宗教的な選択は、政治的であると同時に戦略的なものだった。

三一三年六月のミラノ書簡は、キリスト教に対する最後の迫害に公式な終止符を打ち、なによりも治安の回復を図ったのである。三二五年のニケーア公会議も同じく、神を定義することによって、正統派とアリウス派のあいだの対立で悪化した治安を再建するために開催された。司教による教会会議は、教義の明確化によって治安に寄与するとみなされており、コンスタンティヌスは司教たちに、公の輸送機関、すなわち「クルスス・プブリクス」の使用を許可した。

三六六年、ローマの司教座ではダマススが選出されたものの、ウルシヌス支持派によって異議を唱えられた。それによって抗争が生じ、数日間で三〇〇人近い死者を出した。ウァレンティニアヌスはダマススに好意的な判断を下し、ウルシヌス派を鎮圧した。二〇年後、マクシムスは、簒奪帝として権力を握っているあいだに、スペインの異端の開祖で禁欲生活を賞賛したプリスキリアヌスをトリーアで処刑させた。キリスト教の分離派に死刑が適用されたのはこれが初めてであった。

アンブロシウスが〔ミラノの〕司教座にあった時代以降、皇帝の教会への従属という新たな概念が形成された。三九〇年、テサロニカの虐殺後、テオドシウスは聖体拝領から排除され、それが再び認められたのは公に悔悛をした後のことでしかなかったのである。しかし、教会が、皇帝がその保証者だったところの世俗の法や公権力を自由にできたわけではなかった。それゆえ五世紀初頭、ガザのポルフュリオスは、彼の都市〔＝ガザ〕の異教神殿を閉鎖するための軍隊派遣をアルカディウスにとりなすよう、皇后エウドキアに求めたのであった。

アンブロシウスの前でテオドシウスが悔悛をしてから六〇年後、四五〇年のマルキアヌス帝の布告は、教会と皇帝のあいだの関係に決定的な段階を画した。実際、マルキアヌスは、コンスタンティノポリス司教アナトリウスの手から王冠《ディアデマ》を授かったのである。また、四五七年にはマルキアヌスの後継帝レオ一世においても同様のことが行なわれた。これはすなわち、皇帝に加えて司教も、神と俗世のあいだの特権的な仲介者であることを示すものであった。教理あるいは教義においては、皇帝は教会の下にあった。それはまさにローマ司教ゲラシウスが五世紀末に表明したことであった。

しかしながら、皇帝たちは、彼らを司教に従属させようとするこの関係に満足しなかった。こうして、五世紀初頭、アルカディウスは、コンスタンティノポリスからヨハネス・クリュソストモスを追放した。

四八二年、東方を激しく揺さぶっていた宗教論争を止めるために、ゼノンは統一令（ヘノティコン）を発布した。これは、ニケーア、コンスタンティノポリスおよびカルケドン公会議での決定事項を繰り返したものであったが、キリストの本質に関する敏感な問題についての結論を省いていた。それゆえ、キリスト教徒を再統一することが目的だったにも関わらず、東方のみならずローマにおいても、この勅令は一致して拒絶された。

六世紀には、教皇ウィギリウスがユスティニアヌスの宗教政策の被害を受けた。単性論を糾弾した「三章書」公会議での決定に署名させるために、ユスティニアヌスは五四七年に彼を連行させ、コンスタンティノポリスに七年間監禁したのである。

4　都市の新たな地誌《トポグラフィ》

四世紀には、キリスト教的な建造物が建築的な意味で開花し始めた。それは、まず皇帝の意思、すなわちコンスタンティヌスとその母ヘレナの意思による成果であった。彼らはローマ、コンスタンティノポリス、エルサレムに、キリスト教信仰のための大きなバシリカを建てさせた。これ以降、これらのバシリカでは非常に壮麗な典礼を開催することが可能となった。建て直された都市コンスタンティノポリスでは、ハギア・ソフィア聖堂が都市の中心に、宮殿と競技場《キルクス》のそばに建設された。しかしローマでは、都市の中心部は既に公共建造物で満たされていたため、新規の建設事業は、都市の南部と北西部に位置する皇帝の土地でしか実現しなかった。つまり、〔ローマ市南部の〕ラテラノでは教会が、それから宮殿が建設され、その宮殿は後に司教の住居となった。〔ローマ市北西部の〕ヴァチカンでは、サン・ピエトロ大聖堂がカリグラの競技場《キルクス》付近に建造された。

ローマ市の例に基づけば、第一世代のキリスト教建造物は、都市の周辺地域に建てられた、と言うことができた。しかし、『ガリア諸都市のキリスト教地誌』（フランス国立科学研究センター）の研究者グループによる厳密な調査・研究は、それを一般化するのは拙速だと証明しようとしている。確かに古代末期を通して、諸都市は聖域を都市周辺地域に発展させた。それは、ローマにおいても同様である。しかし、発掘現場からは、非常に早い時期、つまり四世紀には既に、都市の中心、旧来のフォルムからそれほど遠くない区域で、洗礼堂や教会堂の存在が証明されている。公共施設があちこちで放棄されていたため、この空間の再利用を促したのであろう。しかし、私たちは未だ仮定の段階にいる。ローマは、その中心部が建築物によって覆われていたがために、そして公共建造物が法的保護を享受していたがために、例外的な都市だったのである。

Ⅱ　キリスト教の変節

1　新たな振舞い、新たな社交？

四世紀から七世紀のあいだの、人びとの行動に対するキリスト教の影響を明確にすることは、明らかに困難な道のりである。実際、もしキリスト教が新たな姿勢を生み出したのだとしても、それはやはりその時代の産物でもあったのである。

婚姻に関する道徳は、この複雑さを示す好例である。確かに、合法的なカップルの場合も含めて、キリスト教が禁欲の推進を賞賛したことは間違いない。しかし、この傾向は、二世紀以降、帝国のエリートたちのあいだでのストア派や新プラトン主義において既に存在してはいなかっただろうか？「慎み（プディキティア）」は、他の節度に関する徳目と同様に、ローマ人の徳目のひとつであり、キリスト教化が決定的な諸段階を迎えるよりも前から存在していた。哲学の諸学派と同様、キリスト教もその風潮に浴していたのである。最も厳格な禁欲主義の信奉者たちは、性的関係の拒絶をもって、結婚――それは聖書上の理由からキリスト教が容認できなかったものである――を批判するにいたった。司祭や司教は結婚できなかったにせよ、既婚男性が司祭職や司教職に就くことは認められていた。ダマススのように、司教の息子だった司教も存在していたのである。

キリスト教徒がローマ社会の習慣の中で最も距離をおいたのは、公共娯楽の分野であった。教父たちのテクストには、演劇や〔剣闘士〕競技、音楽、踊りに対する非難、浴場のあまりに頻繁な利用に対する不信、会食におけるワインの過度な摂取に対する憤慨、売春宿への恐れが記されている。これらの社交のための一般的な場所は、洗礼を受けた者や洗礼志願者にとっての脅威と認識されていた。

ここで言うローマ演劇とはパントマイム、とくに猥雑なものに限られていた。競技というのは、五世紀初頭までは剣闘士の試合からなっていた。そこでは血も流された。〔戦車〕競走は熱狂を生んだ。入浴や飲酒は、魂にとって危険な身体的欲望を生み出すことで身体を柔弱にするものと見なされた。

司教たちの側から節度についての勧告が絶えず繰り返されていたことは、それらの勧告が成功せず、厳格な風紀に人びとをはめ込もうとしても失敗したことを示している。競技場《ヒッポドローム》の熱狂に対して、司教たちに一体何ができただろうか？

社会に対するキリスト教の影響は慈善を訴える際にも現われる。キリストは貧者や病人においてこそ存在するものと考えられ、したがって、その者には助けや同情を示すべきとされた。それゆえ、貧者への施しと病人への訪問は義務とみなされた。この新たな心遣いを伴った行動は、四世紀後半、最初のクセノドキウムの創立へといたった。財源や人員を得たこれらの施設〔＝クセノドキウム〕は、巡礼者を宿泊させ、貧者に食事を与え、病人を介護するためのものだった。それがとりわけ発展するのは五世紀から六世紀にかけてのことであり、西方と同じく東方でも発展した。

2　空間と時間の新たな区分

(A) キリスト教の祝祭日

キリスト教の最も重要な年間行事は、キリストの復活を祝う復活祭だった。キリストの降誕祭は、復活祭の祝祭と比較すると質素なものだったと考えられる。降誕祭はコンスタンティヌスがシンクレティズム的な選択をしたために、太陽神《ソル》の祝祭日だった十二月二十五日に固定された。それとは反対に、復活祭の日程は流動的で、毎年計算によって決定されていた。しかし、暦は帝国全体で共通ではなかった。アレクサンドリアの人びとは、ローマの人びととは別の日に復活祭を祝っていた。復活祭の準備期間である四旬節は、断食と洗礼準備によってとりわけ特徴的な性格を帯びていた。

日曜日、すなわち「主の日」は、コンスタンティヌス以前から存在した。信仰に割り当てられたこの日は、世俗の行事の大半が禁止された。こういった区切りに加えてさらに、聖人や殉教者、司教の埋葬の記念日もあった。ローマでは、教皇ダマススの措置がこの分野では決定的だった。

(B) 二つの国

四一〇年のローマ略奪の後、アウグスティヌスは、彼の一番の大著『神の国』の執筆に取り掛かり、四二三年に完成した。アウグスティヌスは、ローマは地上の国でしかなく、人類が築いた他のあらゆるものと同じく時間の変遷や死に陥りやすいものだと指摘して、〔ローマの劫掠に衝撃を受けた〕キリスト教徒たちを安心させようとしたのである。彼によれば、キリスト教徒はこの世界では異邦人、つまり一時的な滞在者でしかなかった。キリスト教徒の真の国は天上の国なのである。しかし、この論理がキリスト教徒を〔異教徒からは〕精神的隔たりのあるところへ導いたのだとしても、だからといって、他の教父たちによっても受容されたこの論理が〔現実からの〕逃避のアピールだったというわけではない。ローマ帝国は地上の国々のなかでは可能な限り最高のものとされ、キリスト教徒は帝国に対して忠実であるよう促された。こうしてアウグスティヌスは、〔帝国に忠実たるべしという〕聖パウロの指針を復活させたのである。

（C）暦

フィロカルスによってローマで制作された有名な三五四年のカレンダーからは、伝統的な祝祭日とキリスト教の祝祭日が並置されていたことが分かる。伝統的な祝祭日に、殉教者や司教の埋葬記念日、復活祭、降誕祭、聖ペテロの殉教日が付け加えられた。

たとえ、〔古代ローマ風に〕カレンダエ、ノナエ、イドゥスを基準とした引き算の形で日付を表わす方法が続いていたにしても[1]、一か月を何曜日、あるいは何週目という形で区切る方法が次第に広まっていった。たとえ各曜日が、異教の神々の名でもあった惑星の名を持っていたにしても[2]、四世紀以降、日曜日は一週間の最上の日となり、一週間が七日間であるという事態は創造の七日間を想起させることになったのである。

（1）古代ローマでは日付を示すために、月の最初の日（カレンダエ）、五日目または七日目（ノナエ）、一三日目あるいは一五日目（イドゥス）を基準として、そこから〇〇日前、という方法を用いた〔訳注〕。

（2）たとえば英語でも「土曜日 Saturday」と「土星 Saturn」の対応関係が残っており、いずれもサトゥルヌス神に由来する。英語の他の曜日名は北欧神話に由来するものが多いようだが、ラテン系の言語であるフランス語では、現在でも「火曜日 mardi」と「火星 Mars」はマルス神に、「水曜日 mercredi」と「水星 Mercure」はメルクリウス神に、「木曜日 jeudi」と「木星 Jupiter」はユピテル神に、「金曜日 vendredi」と「金星 Vénus」はウェヌス神に由来する。ただし、「日曜日 dimanche」はキリスト教の神を表わす「主 dominus」に由来する。同じラテン系の言語であるイタリア語やスペイン語でも同じパターンが見られる〔訳注〕。

この変化は非常にゆっくりと進み、古代の伝統が段階的に消去され、真にキリスト教的な区切りが登場したのは五世紀のことでしかなかった。ルペルカリア祭のようなローマの伝統的な祝祭日が五世紀末まで残存したために、一五〇〇年以上ものあいだ、暦はまさにその精神において〔異教とキリスト教の要素が〕混淆していたにもかかわらず、両者のあいだで分断されていたのである。

教会暦作成者ディオニュシウス・エクシグウス（小ディオニュシウス）が、キリストの受肉を出発点とした新たな紀元をもとに年代を算出する方法を考案するには、六世紀を待たなくてはならなかった。彼は計算を数年誤っており、また、その紀年法が一般化するのはそれよりずっと遅く、七世紀になってからであった。

3　新たな人類学？

キリスト教は、ローマ世界にユダヤ教の古い信仰を普及させた。人類が神の創造物であるという考えだけでなく、人類がその創造主にならって創られたという考えも広まったのである。このことは、人びとの心性《マンタリテ》における大きな変化であり、社会に予期しえない結果をもたらした。なぜならば、その〔人類が創造主に似せて作られたという〕考えが、人びととそれに似せて創られた神々とのあいだの契約関係〔という旧来の正反対の関係〕に取って代わったということだからである。この人類学的転回は、おそらくルネサンス期の地動説の発見がもたらしたもの〔＝「コペルニクス的転回」〕に比肩しうるものであろう。

人類は神から生まれ、その似姿をとったため、人類は新たな尊厳を帯びることになった。それゆえに、新たな敬意が人類へと向けられた。かくてコンスタンティヌスは、三一五年三月二十一日、〔罪人の〕顔面に罪の刻印を施すことを禁止したが、それは顔面が「美しい天に似せて形作られた」（『テオドシウス法典』第九巻第四〇章第二法文）ものだからだったのである。

こうして、キリスト教化された社会においては、障害者や病人の治癒の重要性は増大した。もし病気が原罪の明白なしるしであるとすれば、その治癒は人類とその創造主を和解させる完全性の回復なのであり、救済の可能性をもたらした。

このような身体の尊重は、なんとかして、身体に対する絶大な不信とも両立させねばならなかった。

実際、欲望の中枢がみずからの満足を求めるならば、それは魂の気高さに矛盾を来すのではないだろうか。ここにおいて、牢獄や沼地のようなものと認識されていた肉体から魂を抜きだそうと試みるために、キリスト教はユダヤ教や新プラトン主義と結びついたのである。禁欲主義と修道制は、この〔魂の肉体からの〕分離を、絶えざる戦争とした。肉体という重荷は、満腹感や快楽、快適さを拒絶することによって戦うべきものであった。六〜七世紀の修道規則の大部分は、肉体に対する脅威への防御措置に他ならなかった。ピーター・ブラウンの著書『身体と社会』のフランス語訳の表題である『肉体の放棄』は、古代末期の注目すべき特徴のひとつである。競争意識ゆえに死にいたるほど過剰な断食まで行なわれており、断食によって肉体に痛ましい結果がもたらされることもあった。修道生活に関する最初の指示は、空疎な栄光を過度に求めることに対する疑念を喚起することで、この問題についても考慮していたのである。

教父たちは、結婚に対する不信や無軌道な若者たちに反発した。肉体に対する過剰な非難は、第一に出産の忌避へとつながり、第二に神に似せて創造された身体を痛めつける結果となった。

4 修道制の最初の発展

三世紀末、エジプトやパレスティナの砂と石ころだらけの砂漠で生まれた修道制は、五世紀初頭までその評価は割れていた。ローマ人の視点からは、修道士の大半は風変わりであり、不潔で毛深く非社交的、そのうえ狂人だと判断されていた。彼らが説き、実践したところの社会からの隠遁という理念は、ローマの政治的、社会的、そして文化的価値に対するキリスト教徒の最初の真の断絶を生んだ。修道僧の熱望とは、フォルムからも都市からも離れて生きることであった。実際、当時の記録は、非常に極端な禁欲と隠遁のあり方を伝えている。

テーベ、シナイ山、パレスティナの砂漠は、まず隠修士が修道生活を送るための居住地ができ、のちに修道士の共同体が生まれた最初の地域だった。ヒエロニムスのような巡礼であれ、あるいはヴェルチェッリの聖エウセビウスやポワティエの聖ヒラリウスのような追放であれ、また『聖アントニウスの生涯』の著者アタナシウスの追放も同じようなものだが、そうした西方の人びとの旅行は、修道思想とその生活規範の〔西方への〕普及に貢献した。四世紀末と五世紀初頭、西方世界で初の修道院が設立された。マルティヌスはマルムーティエ修道院を、ホノラトゥスはレランス修道院を、カッシアヌスはマルセイユの聖ヴィクトル修道院および救世主修道院を、ロマヌスはオ・ジュラ地方のコンダ（現サン・クロード）の修道院を設立した。そして六世紀には、修道院設立は西方全域において増加した。聖ベネディクトゥスの戒律のように、修道生活に関する最初の戒律が起草されたのはこの時代である。修道院は、俗世間から孤立した小さな都市であった。その頂点には大修道院長（「アッバ」あるいは「アパ」、すなわち父の意）が存在し、大修道院長の影響力は、司教の権威と同様か、むしろそれ以上のものであった。

Ⅲ　生みの親たるユダヤと育ての親たるローマ：キリスト教のギリシア化とラテン化

ユダヤ教に起源をもつキリスト教は、ギリシア語話者によって広域に伝播した。それゆえ、キリスト教のラテン語化は遅れ、古代末期を通して実現されることとなった。

こんにちの西欧の政治文化からすれば、カトリック教会が民主的ではないことにしばしば驚かされる。そこには、根本的な事実の見誤りがある。なぜならば、カトリック教会は、四世紀と五世紀の皇帝権力を摸倣して構成されたものだからである。すなわち、〔その皇帝権とは〕絶対的で、ピラミッド形であり、神権政治的な、また法的で行政的な君主政である。そこでは君主が法源であり、法を保証する存在であった。三七〇年、ウァレンティニアヌス一世は、ローマ司教の決定が取り消し不可能であることを表明した。当時のローマ司教はダマスス一世であったが、彼はこの時に、他の司教たちに対するローマの首位権を確立するために、使徒座という概念を初めて表明したのである。

ラテン語が西方での典礼用語としてギリシア語の地位を奪ったのは、四世紀中のことだった。ローマ法の言語〔だったラテン語〕は、教会法と教皇教令の言語となった。

1　教会組織

ギリシア語の「エクレシア（集会）」という名詞は、キリスト教徒の共同体を意味していた。この共同体は、「エピスコポイ（管理人）」、すなわち司教の権威下に置かれていた。これらの言葉は、「エクレシア」が民会を、「エピスコポイ」が公職者を意味したギリシアの古代都市の政治用語から選ばれた。

古代末期において、教会は、諸都市に所在する共同体、すなわち、それぞれの聖人、聖遺物、習慣、典礼、典礼言語を有する諸教会の集まりであった。それゆえ、教会は帝国の諸都市と同じく多様であった。また、古代末期の教会史は、何よりも、きわめて大きな影響力をもつ司教たちによって推進された画一化に対して、多かれ少なかれ抵抗した地域主義の歴史であった。それは、属州総督に相対した諸都市と同様であった。この状況は、こんにちの東方キリスト教が示すものと類似している。西方世界が〔東方とは〕異なる変遷を経たのは、四世紀から七世紀のあいだに、ローマ司教座が他の教会に対する優越性を不当に横奪したためであった。アンブロシウスは、ミラノ教会に優越性を与えるよう要求し、ダマスス一世とその後継者、たとえば五世紀中葉のレオ一世は、ローマの優越権を押し付けた。

教会のヒエラルキーは、信徒たちを組織することで形成された。このヒエラルキーは、〔信徒たちを〕助祭職あるいは司祭職へと導いたが、助祭職から司祭職へ必ずしも昇級できたわけではなかった。

教会への加入は、洗礼によってなされた。四世紀、成人の洗礼は、可能な限り復活祭の夜に行なわれた。コンスタンティヌスは、死の床で洗礼を受けた。コンスタンティヌスが死の際に洗礼を受けたことに深い意味はなく、習慣に従ったものである。洗礼は、洗礼志願者という名の下に、教育と保護観察という長い準備過程を経たキリスト教徒に対して行なわれた。最も重要な点は、洗礼が、福音書の教えによる厳しい戒律と、教会の聖職者への服従を前提としていたことにある。よって、洗礼は、軽々しく与えられるものではなく、認められた洗礼志願者だけに授けられる一種の栄誉であった。司祭職も同様であり、より選択的に与えられる栄誉であった。

2 教父たち

二世紀から四世紀にかけてキリスト教の影響力を拡大させることに貢献し、その行動や著作によって強い道徳的権威を行使したキリスト教の著述家たちは教父と呼ばれている。

教父たちの大多数は、ローマ式教育の古典的手法に従って、しっかりした教養を身につけていた。すなわち、古典文学の暗記、文法の習得、そして修辞学と自由学芸である。よって彼らの文化は、完全なるローマ人の文化である。テルトゥリアヌス以降の護教文学は、キリスト教徒がローマ社会に同化していることを倦むことなく主張し続けた。

多くの教父が、司祭や司教になる前に、行政職（ミラノのアンブロシウス、ノラのパウリヌス、オーセールのゲルマヌス、グレゴリウス一世）、あるいは教職（アウグスティヌス）に就いていた。すべての教父は、雄弁術と弁論術に熟練していた。たとえば、カッパドキアの高名な教父たち、カエサレアのバシレイオスとその弟ニュッサのグレゴリオス、ナジアンゾスのグレゴリオスが挙げられる。退役軍人の（トゥールの）マルティヌスのように、こうした過程を通らなかった教父は、珍しい存在である。

教父たちのあいだにも非常な多様性があった。ヒエロニムスはキケロ的人間であり続けたことにコンプレックスを感じていたのに対し、その一世紀以上後、ボエティウスは異端と戦うに際して哲学者たちの遺産を存分に活用したのである。

3　言語の問題

ローマ帝国内の言語の——そしてアルファベットの——多様性は、蛮族の移動によって増大し、重大な結果をもたらした。

キリスト教は、まずローマ帝国東方の都市で発展したため、最初の伝達言語はギリシア語であった。ギリシア語は、聖パウロの説教の言語だったのである。この状況は五世紀まで続いたことがわかっている。というのも、ペルシアのアフラハトがシリアで説教をなし、宣教するためには、ギリシア語を学ぶ必要があったからである。西方世界におけるギリシア語の存在は、西方属州におけるキリスト教の最初の典礼言語がギリシア語であったことからも認められる。

ところで、古代末期の特色の一つは、西方世界における緩やかながら抗しがたい脱ヘレニズム化であった。四世紀中葉以降、二言語主義《バイリンガリズム》は退化しはじめ、とくに教養のある人びとにしか通用しなくなっていた。ヒエロニムスは二言語をうまく操ることができたが、アウグスティヌスにはできなかったのである。キリスト教が、西方世界で維持され発展させられるためには、ラテン語化されねばならなかった。四世紀後半を通して、ローマの典礼はギリシア語からラテン語へと変わっていった。しかし、司教たちは、地元民の言語も話さなくてはならなかった。たとえば、アウグスティヌスはその説教を聴衆に合わせて見事に変えることができた。ヒッポ・レギウス市のエリートたちに対しては、技巧を凝らしたラテン語を用いて抽象的な観念を操ったのに対し、ヌミディアの後背地域の農民たちには、単純なポエニ語方言を用いた。同様に、ウルフィラスはゴート族たちに福音を説くために、彼らの言語（ゴート語）を用いたのである。

4 思考規範の相続

教父たちは学識に富んでおり、テクストの暗記と修辞的な文飾を重視した教育の伝統的な結晶であった。したがって、彼らが身に着けていた精神は、ギリシア語やラテン語の神話、あるいはギリシアやローマの歴史的な出来事によって形作られていた。彼らの修辞的な弁論において卓越した役割をはたす隠喩、あるいは彼らが採用した比喩は、古典的なものであった。エルヴェ・アングルベールは、近年、この〔教父たちに対する古典的な〕教養の影響を示して、キリスト教と古代文化という旧来の二分法に致命的な一撃を与えたのである。彼の研究は、教父たちが異教の「良き」皇帝たちをどのように評価したのか、殉教者や聖人の英雄化がいかにローマの「歴史」上の古い英雄たちに立脚しているか、を示した。この点は〔教父たちに〕自覚されていなかったわけではない。永遠性という観点からは、ローマはキリスト教の普遍性にいたる予備段階とみなされており、キリスト教徒になるために求められた徳を広めたのである。それゆえに、ラインハルト・ヘルツォークの言葉によれば、「過去によって強められた文化的アイデンティティの確立」が生じることになった。

5　音楽と医学の適応

(A)四世紀まで、教会の教父たちは音楽に対して疑念と軽蔑を抱いていた。確かに、音楽は自由学芸であったが、しかし実際のところ、その実践は異教の祭祀よりも世俗生活に根付いていた。また、キリスト教的な知識人には、道徳的な乱れ、あるいは偶像崇拝に汚されたものとみなされていた。

しかし、四世紀のあいだにその評価は逆転した。音楽に対して、教会は嫌悪と拒否の態度から、統合の意思へと段階的に変化していった。それは、聖歌を介して実践された。聖歌は美しさという徳目だけのものではなく、集団的な信仰を強く表明するために、信者たちの声を一つにする力をも持っていたのである。それゆえ、彼らはダビデ王によって承認された〔『旧約聖書』の〕詩篇を歌った。アレルヤが重視され、とくに最後の音節にはメロディーが付けられた。しかし、西方ではアンブロシウスが、東方ではニシビスのエフレムが作曲したような賛歌も歌われた。また、現存する最古のキリスト教音楽は、四世紀初頭のオクシリンコスのパピルスに記された賛歌の断片である。よって、典礼における聖歌の位置は、とりわけ交唱（アンティフォナ）、すなわち合唱隊が二つに分かれて交互に歌う反復節のある歌の創始とともに発展した。

聖歌が受容されたもう一つの理由は、異端派の信徒たちが、彼らの教義を歌の節に導入することによって大衆に伝播したことが挙げられる。また、ニケーア派も同様に対応せねばならず、三位一体を賛美した節——すなわち栄唱——で締めくくられる賛美歌を完成させた。司教シルウェステル一世（在任：三一四〜三三五年）がローマに聖歌学校（スコラ・カントルム）を創立したのには、このような背景があったのである。これ以降、キリスト教化の進展には、典礼歌の学習と編纂が伴った。後にその創始者とされたにも関わらず、グレゴリウス大教皇はいかなる革新も行なわなかった。彼は、素晴らしい典礼歌を耳にしたはずのコンスタンティノポリスから帰還した後も、ローマ聖歌に厳格な形式を守らせることで満足していたのである。

しかしながら、異なる見解もあった。教父のなかには、音楽の使用に対して厳しい見解を持つものがいた。音楽は、神へ向けて歌われる以外に、別の意味をもたらすのではないか？　また、典礼での音楽の利用法は、とくに東方と西方のあいだで大きく分かれていった。

（B）教会の人間は医学を尊重していたが、慢性病や伝染病に対する医師たちの限界も知っていた。五世紀初頭以降、生者であれ死者であれ、聖人たちに救済を求めた患者たちも同様である。聖人伝が人気を博していたとき、治癒巡礼はローマ帝国内全域で増大した。トゥールの聖マルティヌスに代表されるような著名な聖人の墓は、とりわけ六世紀に、多くの病人を引き寄せた。こうした成功が、農村部のキリスト教化に大きく貢献する一方で、司教座の優越性を強化したのは不思議なことではない。

こうして司教たちは、教会と真の信仰が、聖典と聖人を介して、最高の医学になりうるという理念に信憑性を与えた。このような信仰の過程は治癒の奇蹟を引き起こし、奇蹟はニケーア派の信仰が真実であることの証拠をもたらした。それは、肉体が健康で五体満足であるというだけではなく、魂がそこに救済を見いだすということでもあった。

Ⅳ　凪状態の異教

古代末期は、伝統的に「異教の終わり」の時代とみなされている。それはガストン・ボワシエによって一九〇九年に出版された本のタイトルからも理解されよう。この表現は総体的には間違っていないが、しかし事実を隠してしまうという難点がある。すなわち、四～五世紀にキリスト教徒たちが妥協した相手は、瀕死の異教ではなく、ただ〔キリスト教に〕反応するだけの存在ではない、広範な脅威としての異教だった。

1　哲学の動向

ギリシア哲学は古代末期を潤し続けた。それは、輝かしい古《いにしえ》のプラトンやアリストテレスによるばかりではなく、プロティノスやポルフュリオスといった後代の大家によってである。古代末期の支配的な思潮は新プラトン主義であり、その影響は教父たちにも及んでいた。アテネでは、五二九年にユスティニアヌスによって閉鎖されるまで、アカデメイアがその思想を教授していた。ナジアンゾスのグレゴリオスが、後の皇帝ユリアヌスの学友だったのも、このような状況でのことだった。五世紀のアレクサンドリアでは、それぞれキュレナイカのシュネシオスとボエティウスの師匠だった、ヒュパティアとアンモニオス・ヘルメイウが秀でていた。六世紀初頭にはボエティウスが、アリストテレスの理論集のラテン語訳という壮大な計画に着手した。彼は、とりわけピュタゴラス、プラトン、ポルフュリオスといった人びとの影響も受けていた。

一九二〇年代終わりに、フランツ＝ヨーゼフ・デルガーは、古代思想とキリスト教思想の相互浸透という仮説を発表した。この時代以降になされた研究は、この仮説を確証するものでしかなかった。ナジアンゾスのグレゴリオスは、ユリアヌスと同様に、幼少期にキリスト教のもとで育ちながら、古典の素養を身につけていた。それゆえ、教父たちのテクストには、ストア派、プラトン派、新プラトン派の諸要素が認められる。古典文化とキリスト教文化のあいだに断絶はないものの、ひとつの同じ文化に属する諸要素のあいだに幾多の隙間が存在していた。こうして、四世紀の最も著名なラテン語の弁論家、マリウス・ウィクトリヌスの場合、彼はキリスト教に改宗した。また、ボエティウスの場合には、キリスト教徒であると同時に、あるいはそれ以上にアリストテレス派であり、かつプラトン派でもあった。

2 「異教反動」

「異教反動」という言葉は、一九三〇年代にピエール・ドゥ・ラ・ブリオールによって、国家の最高意思決定機関におけるキリスト教の拡大に対する異教徒の抵抗を示すために生み出された。彼らの抵抗は、三三〇年から四一〇年のあいだに発展したが、ユリアヌスの治世（三六一～三六三年）をピークとし、五世紀初頭の最後の盛り上がりを前にして、とりわけ三五〇年から三九四年のあいだに激化した。

この反動は、一義的には信仰の自由の尊重と、公的資金による祭司と祭礼の維持を求めていた。実際、公的資金だけが国家と神の力のあいだの関係を保ち、それらを維持することを可能にしていたのである。

しかし、他方では、異教徒であることはさまざまな方法で認識されうる。リバニオスにおいては、この異教反動は、かなり反動的で反ラテン的なギリシア的排外主義と結びついていた。ユリアヌスにおいては、擬古的な祭礼偏重と一神教的な哲学の奇妙な混合であった。ローマ人たるプラエテクスタトゥスとシンマクスにとっては、すべての信仰は、単一の神格をさまざまな方法で讃えるために実践されるべきものであった。またシンマクスにおいては、強固なラテン的伝統主義がそこに付け加えられていたのである。

3　ユリアヌスという例外（三六一～三六三年）

コンスタンティヌスの甥であるユリアヌスは、コンスタンティノポリスでキリスト教的な教育を受けたが、アテネでの勉学によって哲学を知った。彼の従兄《いとこ》、コンスタンティウス二世の治下、身の危険を案じた彼は、敬虔なキリスト教徒であると偽った。彼がようやくその仮面を剝がし、キリスト教を捨てたのは、ルテティアで旗下の軍隊によって正帝とされた三六一年以降のことである。

彼はキリスト教徒を迫害しなかったものの、コンスタンティヌス時代にキリスト教徒が享受した特権については方針を変えた。彼の立法行為は、〔信教の自由を認めた三一三年の〕「ミラノ勅令」の文言に厳密に立ち戻ることにあった。それゆえ彼は、コンスタンティウス二世があちらこちらで没収した神殿や歳入、自由の特権を、異教の諸信仰に対して返還させた。そのうえ、彼のアリウス派の従兄〔＝コンスタンティウス二世〕によって追放されたニケーア派の司教たちを亡命地から召還した。さらに、ユダヤ教を一部のキリスト教会の制裁から守ったのである。その結果、カッパドキアのカエサレアは、神殿を破壊してしまったがゆえに、都市としての地位を失うことになった。

ユリアヌスが実施した唯一の真の反キリスト教的な措置は、三六二年に、ギリシア修辞学の教授をキリスト教徒に対して禁止したことだけである。このことは、異教徒とキリスト教徒が同じ環境にあったことを示している。

4　民衆的異教と貴族的異教の継続

したがって、異教信仰は四世紀全般を通して実践されていた。法を理由として、異教信仰はまさに不滅だった。テオドシウス時代まで祭祀は維持されていた。皇帝礼拝の祭祀や大規模な神殿の祭祀は、帝国の全都市で執り行なわれた。キュベレやイシス、セラピス、ミトラスといった東方起源の諸信仰は、エレウシスの密儀と同様、変わらぬ人気を集めた。

司教の説教と地方の教会会議での決議《カノン》は、異教的な民間信仰が続いていたこと――そしてそれはカロリング朝の時代まで続く――を示している。病気治癒のために護符に頼ることや、水源地や木々に対する信仰も糾弾されていたことが分かる。しかし、異教（パガニズム）――この言葉はパガヌス、すなわち農村（パグス）の住人を意味する――はまた、都市のエリートたちの精神や行動のなかにも存続していた。たとえば、四九四年、キリスト教徒の貴族たちはパラティヌスの丘周辺で二月中旬にルペルカリア祭の競技を開催し続けていた。ローマ司教ゲラシウスは、有名な書簡の中で彼らにそれを禁じている。同じ時期、ゾシモスは、コンスタンティノポリスに異教徒の集団がいたことを記している。イタリアの同時代人ボエティウスは、確かにキリスト教徒ではあったが、その著作『哲学の慰め』(1)の中で彼が敬虔な信徒であることを示すことなしに、神学論争を論理的に取扱った。

（1）巻末参考文献【52】。

南ガリアでは、六世紀初頭、アルルの司教カエサリウスが、治癒のための護符の携帯や、木々や水源地の信仰といった、異教に由来する行動や実践を、民衆への説教のなかで激しく非難した。六世紀末、トゥレーヌ地方〔中心都市はトゥール〕の司教グレゴリウスの周囲は無信仰者ばかりであった。アウグスティヌスによってカンタベリーに設立されたブリテン島初の司教座は、この時代に遡る。キリスト教の歩みは、都市化が遅れている地域ほど緩やかであった。まして、かつてのローマ帝国の極西、〔ブルターニュ半島西端の〕フィニステールでは、その進行はさらに遅かったのである。

V　分裂したキリスト教

キリスト教は、ユダヤ教と同様、その発祥の世紀から分派現象を抱えていた。三世紀には、最も偉大な教父のなかの二人であるテルトゥリアヌスとオリゲネスが正統教義から離れていた。四世紀以降、きわめて深刻ないくつかの分裂が正統教義を引き裂いた。アフリカのドナトゥス派は、本質的に反イタリアであり、その立場を維持し続けた。アリウス派は、その名を司祭アリウスからとったものだが、子と精霊を父に従属させたことで、最も重大な亀裂を生じさせた。西方では、プリスキリアヌス派とペラギウス派が生まれた。そして、五世紀にはネストリウス派と単性説派が生まれた。これら数々の大規模な異端派の背後には、他のより地域的な分派も存在していた。たとえば、アポリナリス派やノヴァティアヌス派といった分派である。そのうえ、〔諸宗派間の〕仲裁の試みは、中道の異端を生じさせるにいたった。こうして、半ペラギウス主義や、穏健なアリウス派の分派であるアカキウス派〔折衷派〕などが生まれた。これらすべての共同体は、教会と司教座の獲得を目指して司祭や司教の周りに集まり、その信仰のためだけでなく、その存在を認めさせるために戦ったのである。

1　正統教義と異端：公会議

初の公会議は、アリウスの説教を発端とする混乱を鎮めようとしたコンスタンティヌスの命によって、ニケーアで三二五年に開催された。その大半が東方からやって来た司教たちは、アリウス派を弾劾し、ギリシア語の文章の形で、ニケーア信条という真の信仰を公布した。三八一年には二度目の公会議がコンスタンティノポリスで開催され、この〔アリウス派に対する〕弾劾を更新した。ラテン語圏のキリスト教徒がクレドと呼ぶこのニケーアの信条は、神を、永遠であり、したがって非創造であり、同質である三つの位格――すなわち、父と子と聖霊――からなる単一の存在と定義した。この三位一体の概念はアリウス派の概念とは対立するものだった。というのも、アリウス派にとっては、父は子や精霊よりも前から存在し、したがってその創造主だったからである。東方で勢力をもったアリウス派は、西方でも普及した。キリスト教がゴート族やヴァンダル族に広まったのはこのような形においてであり、ゴート族やヴァンダル族は、イタリアやガリア、スペイン、アフリカにアリウス派を広める役割を果たしたのである。そして、五世紀末のフランク族の王クローヴィスの洗礼は、このことに照らして考えねばならない。クローヴィスがキリスト教を奉じたという事実は、そのキリスト教の性質ほど重要ではなかった。つまり、〔重要なのは〕隣接する西ゴート族のアリウス派ではなく、ニケーアの三位一体の信仰を選択したということなのである。ローマからみて、クローヴィスはアリウス派でない初の「蛮族の」王であった。このことは、アリウス派的な傾向をもっていたコンスタンティヌス帝の洗礼と不当にも比較されることで、クローヴィスに特別な威光を授けたのである。

五世紀を通して、教義論争は、キリストの本質を定めることを目的としていた。ネストリウス派は、キリストが二つの性質、すなわち神性と人性を有していると考え、この人性が聖母に「テオトコス（神の母）」という称号を与えるのを妨げた。彼らの教義は、四三一年のエフェソス公会議で断罪された。単性説は、ネストリウス派に対する反動だった。単性説の信徒にとっては、キリストの神性は人性を吸収してしまっており、キリストの復活を再び問題とすることになった。四五一年のカルケドン公会議で単性説は禁止された。それにもかかわらず、この二つの「異端」――ニケーア的な表現を用いるならば、だが――は、シリアとエジプトで長く続いたのである。

2　最高権威の争議

都市の密度は、地域によって非常に異なっていた。東方、アフリカ、そしてイタリアでは都市の数が非常に多く、北部と北西部の諸属州（ガリア、ブリタニア、ゲルマニア、パンノニア、ノリクム）ではずっと少なかった。教会会議や公会議に出席した司教のリストが、この差異を如実に示している。非常に多くの司教を有した属州もあれば、そうではない属州もあった。そのため、教会の決定においては、前者、すなわち、アフリカ、イタリア、東方の諸属州が優位だった。

大都市の司教座は特権的な役割を演じた。たとえば、ローマ、コンスタンティノポリス、アレクサンドリア、アンティオキア、カルタゴ、ミラノといった司教座である。このことは、首位権をめぐるさまざまな問題へと発展した。実際、これらの都市の司教たちは、みずからの都市ばかりでなく他の共同体をも支配して、彼ら首座司教権の望みであった仲裁裁判に従わせようとした。こうした教会間の敵対関係は緊張を引き起こし、教義の相違によってその緊張はしばしば増幅された。しかし、この首位権を得ようという意欲は、そもそも、その教義の相違がきっかけの場合もあった。たとえば、アンブロシウスの覇権主義的な政策は、彼の人格のみに帰されるべきものではない。彼の政策は、北イタリアとイリュリアのアリウス派に対抗しようとする意思から生まれた。同様に、アレクサンドリア、アンティオキア、そしてコンスタンティノポリスの司教たちのあいだの対立は、大部分、ニケーア派、アリウス派、ネストリウス派と単性説のあいだの教義における対立から生まれた。

ローマの首位権を確立するために、ダマスス一世は、自身の地位を示すのに「使徒座」という表現を用いた。実際、ローマは、キリストの使徒ペテロによって創設された唯一の司教座だったのである。この巧みな宣伝のおかげで、この闘争は部分的には終焉をむかえ、東方での闘争においても調停者として選ばれた。

ローマの属州レベルでも対立はあり、そこでは、聖人信仰と聖遺物信仰は無視しえない役割を果たしていた。アンブロシウスの時代のミラノにおける聖ゲルウァシスと聖プロタシウスの聖遺物の発見は、近隣都市に対するミラノの首位権を有効にした。都市トゥールが聖マルティヌスの聖遺物を所有したのも同様である。

第四章　知的な分野と芸術的な分野における活力

頽廃《デカダンス》という通念が最も軽蔑的なアクセントをもったのは、文化と芸術の領域であった。長いあいだ、美の古典的規範が規準とされてきたため、〔古代末期の〕言語は退化し、芸術は衰退したと結論づけられてきた。それは、伝統主義《アカデミズム》の時代特有の趣味に基づいたもので、ヘレニズム中心主義の視点であった。しかしこんにちでは、この蔑視に対して、美学と美術史は再検討を行なっている。

確かに言語は変化したが、しかしそれは活力の徴であった。文法や言葉遣いについての関心は旺盛だった。芸術が衰退したわけではなかった。つまり、変化したのは様式だったのである。諸芸術のあいだに階層《ヒエラルキー》を設けないという態度は、アロイス・リーグルが、一八九三年に出版された『美術様式論』(1)において示した信仰告白である。彼の理論が正しく認識されるまでには、ほぼ一世紀の歳月がかかった。そして現在になってやっと、さまざまな研究によって、古代末期に文学が後退したという通念が払拭されたのである。

（1）巻末参考文献【72】。

I　文学の黄金時代

古代末期の人びとは古代のテクストを書写し続けた。しかし、彼らは単なる写本制作者ではなかった。彼らは同時に、豊富で多様な文学作品の著作家でもあった。収集、翻訳、編集、あらゆる分野――説教、医学、農学、歴史、法律、詩、料理レシピといった分野――での集成、これらに対する彼らの情熱を語ることもできるだろう。頽廃《デカダンス》という予断《アプリオリ》を持っていたことで、四世紀から七世紀のあいだに行なわれた写本制作という重要な作業は、危機的状況にあった古代文化の「救出」のための悲壮な努力だった、という結論が導かれてきた。それは、一面的で時代錯誤な思考である。「蛮族《バルバロイ》」が都市を占拠したとき、彼らの主たる関心は、図書館を空にすることではなかった！　もしそんな災厄があったなら、どうなっていたことだろう？　それは、言語習得の未熟さから生まれた誤解と無理解であった。ギリシア・ラテン文化圏に亀裂が入ったのは、二言語主義《バイリンガリズム》の段階的な断絶によってであり、この文化的脅威は蛮族によってもたらされたわけではなかった。大量に残された文書が、古代末期におけるその豊かな文学活動を証明している。〔古代末期の人びとは〕古典を温存しながら、同時に新しいものを普及させなくてはならなかった。読み、写し、挿絵を入れ、装丁を施すといった活動が止むことなく必要とされたのは、個人用のほか、さまざまな図書館——公共の、司教座の、あるいは修道院の——の需要を満たそうとしたがためであった。こうした旺盛な需要は、知識をうまく把握できるか、という困難を伴った。編集や翻訳が数多くなされたのは、それに応えるためだったのである。百科全書的な事業による知の集約を強いたのは、知的貧困ではなかった。むしろそれとは反対に、知の体系化を必要としたのは、そのあまりの豊富さだった。ボエティウスやカッシオドルスが六世紀に、そして次の世紀にはセビリアのイシドルスが貢献したというのは、そのような意味においてだったのである。

1　編集と翻訳の開花

公用語に関していえば、ローマ帝国はつねに、ギリシア語とラテン語の二言語主義《バイリンガリズム》に基づいていた。二言語主義は、これら二つの言語を完璧に使いこなすエリート達の教育に組み込まれていた。おおまかに言えば西方の共通言語はラテン語で東方はギリシア語であったが、その配分は不均衡だった。東方の知識人は、西方の人間がギリシア語を習得するほどには、ラテン語を習得していなかったからである。ギリシア語が最良の文化言語となることを望んでいた共和政や帝政前期の文化的遺産とは、こうしたものであった。二言語間の不均衡がそれほど目立たなくなったのは、四世紀中のことだったと言うこともできる。ギリシア語は西方でも読まれ、また話されることさえあった。それに対し、ラテン語は、リバニオスという大きな障壁がありながらも、法律や行政を介して先例のないほど東方に浸透したのである。

しかしながら、四世紀末に亀裂が生まれ、それに続く五、六世紀を通してその溝は深まった。それは恐らく、「帝国分裂」の影響である。西方の人びとは、典礼においても学校においても同様に、徐々にギリシア語を失っていった。五世紀初頭の最も偉大な知識人アウグスティヌスがギリシア語を使用しなかったことは、このことを如実に示している。アウグスティヌスによれば、マメルトゥス・クウラウディアヌス〔ヴィエンヌのマメルトゥス〕やボエティウスといった、ギリシア語を用いる西方の人びとは、敬服に値する例外的な人物であった。現存する諸写本に記されているギリシア語とラテン語による用語解説の増加が、この衰退を示している。東方では、古代ローマの遺産を大切にしていたユスティニアヌスの時代までは、ラテン語が行政の言語として使用されていた。しかしその後、半世紀に満たぬあいだにギリシア語の勢いに圧倒されてしまった。五〇〇年頃、ゾシモスはギリシア語で書いたのに対し、一世紀以上前、シリア出身だったアンミアヌス・マルケリヌスはラテン語で書いていたのである。

ヒエロニムスは特異なケースである。彼はギリシア語に精通していたが、同じくアラム語も習得していた。ローマ滞在期には友人たちにその基礎を教えていた。教皇ダマススの要望によって聖書の新しいラテン語訳に着手したとき、彼はまずアラム語原本と七〇人訳聖書によるギリシア語訳を用いてその翻訳にとりかかった。

したがって、「帝国分裂」は、段階を踏みながら言語領域においても生じたのである。これ以降、この文化的「コイネー（共同体）」は、その存続のために翻訳を必要とした。だからこそ、二言語主義《バイリンガル》の知識人たちは翻訳に尽力したのである。こうして五～六世紀には、ヒポクラテス、ディオスコリデス、ガレノス、オリバシオスといったギリシア語による医学書の抜粋が翻訳され、編纂された。

さらに、西方での二言語兼用現象《ダイグロシア》の存在も強調すべきだろう。たとえ住民が文語ラテン語を理解することができたにせよ、彼らの媒介言語は口語ラテン語であり、地方によって多かれ少なかれ違っていたからである。

2 冗漫な書簡

書簡は古代末期史の最も重要な史料の一つである。小プリニウスの書簡集一〇巻が出版された二世紀以来、古代末期の数世紀にも、真に文学的な一分野として書簡には多くの記念碑的作品が存在する。四世紀のギリシア語の弁論家リバニオスは、一五四四通の書簡を残した。彼と同時代のローマ人シンマクスも、九〇〇通を超える書簡を残している。とくに知られた事例を他にもいくつか挙げてみよう。ギリシア語では、カエサレアのバシレイオス（三〇〇通）、ナジアンゾスのグレゴリオス（四四五通）、ヨハネス・クリュソストモス（二三六通）、キュロスのテオドレトス（二三〇通）などが現存している。ラテン語では、ヒエロニムス（一二五通）、アウグスティヌス（二二五通以上）、シドニウス・アポリナリス（一四六通）、レオ一世（一七三通）、グレゴリウス一世（八五〇通）である。ここに挙げた著者たちは、彼らだけで計五〇〇〇通以上の書簡を残したのである！　その他にも、ユリアヌスやカエサレアのフィルモス、そしてヴィエンヌのアウィトゥス、リモージュのルリキウスなどの書簡も追加すべきだろう。

これらの厖大な史料の歴史学的な利用は確かに始まってはいるが、しかしまだ始まったばかりにすぎない。というのも、これらの書簡は膨大なうえに、翻訳や注釈がすこぶる不完全なままだからである。

3　古いものと新しいもののあいだの文学ジャンル

キリスト教的特徴をもつ文学ジャンルについて語るのは非常に難しい。古典的な文化と弁論術に育まれた教父たちは、彼らの司牧に役立てるために専ら古典的な文化や弁論術を利用した。説教学、すなわち説教の技術というのは、雄弁術にほかならなかった。聖書の注釈は「エナラティオ」、すなわちテクスト解説の技法に基づいていたし、また護教論は「ディスプタティオ」、すなわち弁論術に基づいていた。プルデンティウスを嚆矢とするキリスト教的な詩は、伝統的な韻律法と文飾を用いている。四世紀のファルトニア・プロバの引用句の寄せ集め詩文は、キリスト教が古代の詩にどれだけのものを負っているかを示す良い例証である。実際、この偉大なローマ女性は、キリスト教的な詩文を、ウェルギリウス作品の韻文を引用しながら書いたのである。三九一年頃、ミラノのアンブロシウスは、キケロの『義務について』をキリスト教的な道徳に適合させた。聖人伝という新しいジャンルについて言えば、スエトニウスからプルタルコスにいたる人物伝の書き方に依拠しており、多くの逸話からなる聖人たちの徳目を中心としていた。聖人伝は、五世紀には簡素だったものの、六世紀から七世紀にかけて徐々に発展していった。聖人伝は、アタナシウスの『聖アントニウス伝』やスルピキウス・セウェルスの『聖マルティヌス伝』のような規範的作品に基づいて共通の方法で模倣され、真実であると主張して、聖人たちの奇蹟を増やしていった。『聖アントニウス伝』や『聖マルティヌス伝』などは、聖人伝の中でもいわゆる最初の「ベストセラー」である。

古代末期の文学は装飾的な嗜好で際立っており、そこにおいては、驚異と、象徴の探求とが結びついている。この気取りが絶頂に達するのはおそらく、六世紀に活躍した折句とカリグラムの詩人ウェナンティウス・フォルトゥナトゥスの作品においてであろう。彼の諸作品は、洗練されたラテン語詩の、素晴らしく、また遊び心のある伝統のうちに位置づけられている。

この他にも、驚異や数字に対する偏愛は、数学論（三世紀のゲラサのニコマコスの著作。六世紀にボエティウスによって翻訳された）や、天文学理論（四世紀のフィルミクス・マテルヌス）にも見出される。

4 書物

古代末期には、われわれが知っているような書物が一般化した。大まかに言えば一〇〇年から四〇〇年までの三世紀のあいだに、ページごとに縫われて綴じられた本、つまり冊子本（コデックス）が不便な巻子本（ヴォリュメン）に取って代わっていったのである。このことは、アンリ＝イレネ・マルー〔初期キリスト教学者〕とグリエルモ・カヴァッロ〔古文書学者〕によって強調された。この変化の結果は、冊子本革命と言うことが正当化できるほど大きなものだった。実際、冊子本の登場によって、書物は取り扱いやすいものになったのである。なぜなら、巻子本は広げたり巻き戻したりするのに二〜三人を要したからである。冊子本はまた、寸法が小さければ非常に運びやすかった。これ以降、メラニアの草稿帳のように、小さな雑記帳は書きたい時にいつでも書くことを可能にした。そして、小さなサイズの版から旅行本も生まれた。

そのうえ、文字の支持体の変化は、本の読み方にも変化を与えた。第三者による音読に代わって、個人的な黙読が広まった。また、この変化以降、本の頁をめくることができるようになり、また一瞥して本の全体を把握することも可能になった。こうして本の構成において、贅言や重複を減らして、総合化しようとする意識が強まった。

一般的な紙はパピルスであった。しかし、羊皮紙はそれより値が張るものの、その耐久性ゆえにより頻繁に使われるようになった。その値段が高価だったことは、結果として、パリンプセスト〔新たな文章を上書きするために、元の文字を消した羊皮紙〕という習慣を生んだ。さらに、五世紀以降、羊皮紙は美しい本の特権的な素材となった。こうして、ヒエロニムスの語彙では、「メンブラナ〔皮〕」が聖書の同義語となった。ヒエロニムスは、貧しい人たちが飢え死にしているにもかかわらず、豪華版のために高額な出費をするのを弾劾した。しかし、この禁欲的傾向は続かなかった。五世紀を通して、そしてとりわけ六世紀には、挿絵付きの素晴らしい聖書の写本が制作されたのである。

Ⅱ　豊かで激しい論争

古代世界では、神統記、宗教、そして神知学が知られていた。キリスト教は、古代世界に神学という新たな言説をもたらした。神学は、それを広めるために古典的な雄弁術と修辞学的な文飾を取り入れ、新しい概念を表わすために哲学から用語を借用したり、新語を作り出したりせねばならなかった。

1　キリストの本質

神学的、キリスト教学的論争は、古代末期の知的生活の本質的要素であった。キリスト教は、その原点であるユダヤ教と同じく、教義や規律によって構成されている。キリスト教は、真の唯一神による厳密な一神教であると公言し、他のあらゆる神々を偶像とした。新プラトン主義者たちの理神論的一神教でさえ、キリスト教徒たちの目には、充分厳格なものとは映らなかった。たしかに、キリスト教は単なる一神教というわけではない。キリスト教は、イエス・キリストを受肉した神の子としている。しかし、四世紀から六世紀にかけて、キリストの本質についての定義と、唯一神の中でのキリストの位置を定義するにあたって、見解の相違が生じた。アリウス派は、神の中で父だけが非創造の存在であり、他の二つの位格、子と精霊は永遠の存在ではなく、したがって父より後に生じ、父に従属するものだ、と主張した。三二五年のニケーア公会議と三八一年のコンスタンティノポリス公会議では、逆に正統な教義が確認された。すなわち、子と精霊は非創造の存在であり、父と同質であるとされたのである。ニケーアの正統派にとっては、アリウス派は多神教的な傾向をもつものだった。

五世紀には、ネストリウスやエウテュケスの教説によって論争は複雑化した。ネストリウスにとっては、聖母マリアはテオトコス（神の母）とは呼ばれえなかった。なぜなら、イエスには神性と人性という二つの性質があったからである。ネストリウス派に対する反応として、エウテュケスは単性論を唱えた。つまり、彼によれば、神性は人性を飛び越え、それを覆い隠すところにまでいたる。ボエティウスはその教義書において、この論争で適切な表現が用いられていないことを嘆いている。たとえば、「本質」、「特性」、あるいは「実体」といった表現である。ボエティウスは、彼が提案した論理的秩序の回復のために、アリストテレスの「オルガノン」という言葉を用いた。彼の著書がキリスト教教義の補助理論になったことから、この言葉は中世には周知のものとなった。

教会会議と公会議、書簡のやりとり、有罪判決と破門、論争と反論は、古代末期のキリスト教文学の大部分を構成するほどまでに繰り返された。この論争的な雰囲気は、暴力までは行かなくとも、苛烈さを免れなかった。ところで、これらの激しい論争は、ギリシア語とラテン語の相互理解が弱まっていく世界で起きた。したがって、さまざまな主張の翻訳が必要とされたわけだが、このことはときに語彙に関して厄介な問題を引き起こした。たとえば、ニケーア信条においては、「ホモウシオス〔神と同質〕」という〔ギリシア語の〕形容詞に対応する適切な訳語を見つけることが最も重要な課題となり、それに対応する新しい語彙として「コンスブスタンティアリス」というラテン語が見出されることになった。

2 魂、罪、時代の不幸

五世紀のガリアでは、魂と身体に関する論争が起きた。この際、碩学クラウディアヌス・マメルトゥスと、リエズ司教ファウストゥスが争った。クラウディアヌス・マメルトゥスはその著書で魂の規定を論じた際、彼は人間の魂が無形ながらも肉体と結びついていることを強調した。この挿話は古代末期の論争を如実に示しており、彼らがプラトンやプロティノスからどのように論拠を汲み取っていたのかを理解することができる。

ユダヤ教徒と同じく、キリスト教徒にとっても、人間は原罪によって汚された存在であった。人間は堕落して生まれ、生きるために苦しむものであった。しかし、このことが不幸の唯一の原因ではなかった。人間は、混迷、すなわち改宗をためらうことで不幸のうちにとどまり続けたのである。したがって、古代末期のキリスト教徒たちの疑問は次のようなものだった。人間の苦しみは罪ゆえなのか？　あるいは、アウグスティヌスはヒエロニムスに問いを投げかけた。なぜ生まれてまもない罪のない子供たちが病に苦しまなくてはならないのか？　また、こうした疑問もあった。救済は暮らし方によるものなのか？

魂の救済を信じることで充分なのか？　洗礼は、救済に充分な手段なのか？

多くの人びとが時代の不幸への合理的な解釈を与えようと努めた。ゾシモスのような異教徒にとって、その原因は、コンスタンティヌスからテオドシウスにいたるキリスト教徒皇帝たちによって優遇され、ついで強制された〔異教の神々に対する〕不敬虔にあると考えられた。彼らの先祖たちが崇拝した伝統的な神々と、神々を称えた公的な信仰を棄てたことが問題とされた。たとえば、何世紀にもわたるローマとフォルトゥナ神との関係を断ち切った不敬虔がそれである。

キリスト教の護教論者にとっては、その原因は逆の方向での不敬虔であった。五世紀初頭、オロシウスはローマ史を以下のように再解釈した。つまり、不幸は、真の唯一神に対する改宗の遅さ、そして幾人かの皇帝のキリスト教に対する敵意から生まれたとしたのである。五世紀中葉、マルセイユの司祭サルウィアヌスは、この解釈をさらに発展させた。彼にとっては、不幸は、キリスト教徒が改宗したのにも関わらずそれに相応しい行動を示していないことに起因するものだった。また、神は、不品行に対する懲罰であると同時に、新たな生活へ向けた改宗の呼びかけでもあることを示すために、蛮族を武装させたのだという。さらに、サルウィアヌスによれば、アフリカのアリウス派ヴァンダル族は、たとえばカルタゴの売春宿を閉鎖したように、徳を実践していた。それに対して、ローマ人は罪に喜びを見いだしていた。このことは、ローマをバビロン、ソドムあるいはゴモラと同一視することであった。このような方法で、サルウィアヌスは蛮族を「善良な未開人」の典型にみたて、堕落した世界を罰し、刷新しようとしたのである。

3　永遠のローマ？

四一〇年の西ゴート族によるローマ略奪は、物質的な被害よりも、人びとの意識に最も動揺を与えた。この出来事は、ローマとローマを象徴とする帝国が、滅びうるものであることを実感させた。一〇〇〇年以上の歴史がローマに永遠なるものという芳香を与えていたが、四一〇年の略奪は痛みを伴う再認識へと人びとを向かわせた。異教反動の支持者たちは、この災難を、テオドシウス朝の皇帝たちが伝統宗教の放棄を強制したことに帰した。キリスト教徒の著作家たちは、ローマ人が偶像崇拝を継続し、キリスト教への改宗が遅れたことにこの出来事の原因を帰して、それに応酬した。これは、二世紀にわたって行なわれてきた論争の延長でしかなかった。しかし、この論争は、アウグスティヌスによって高度なものとなった。弟子の一人だったオロシウスに、異教徒の主張に反駁するための歴史を書くよう勧めたのはアウグスティヌスである。その著作は四一七年に出版された。

同じ時期、アウグスティヌス自身は『神の国』を執筆しており、四二三年に完成した。初めの四巻はキリスト教を誹謗する者への回答であり、彼らに対する反撃である。彼は、偉大なローマ文化を鋭敏で厳密な論理に利用した。先祖伝来の神々が依然として崇められているにもかかわらずローマが受けたこの災厄はいかに説明されるべきなのか。異教の神々がキリスト教の神を立腹させたのでないとすれば。

彼は、二つの国の理論と、キリスト教徒であるローマ人がとるべき態度を表明した。ローマは地上の国であり、したがって死すべきものである。キリスト教徒の国は天上にある。すなわち神の国である。したがって、キリスト教徒は地上においては束の間を過ごすのであり、地上の国を軽蔑してはならない。キリスト教徒は地上の国にも誠実に奉仕せねばならないが、それが永遠であるという幻想を抱いたり、信仰の存在とローマのそれを結び付けたりしてはならなかった。

古代の知の歴史において、『神の国』は、異論の余地なく時代の転換点となる作品である。この作品は一時代の終焉を告げ、新たな時代を開いた。『神の国』は古代文化に終止符を打ったのではなく、新たな側面を切り開いたのである。

Ⅲ　大規模建築事業

1　伝統と革新

ディオクレティアヌスとコンスタンティヌスは、ローマに大規模な浴場を建設した最後の皇帝だった。コンスタンティヌス帝はトリーアと、その後コンスタンティノポリスにも大規模な浴場を建設した。

競技場《キルクス》や円形闘技場、浴場といった施設は、社交や皇帝の浪費の場として名高く、六世紀にいたるまで、西方だけでなく東方においても多くの人びとが集った。しかし、財政的な限界は、心性の変化と相俟って、この時代をもはや大規模建築の時代とはしなかった。資金は、老朽化のほか、古代末期に相次いだ地震によって必要とされた修復を賄うので精いっぱいだったのである。

しかしながらこの時代は、諸都市においてキリスト教建築が開花した時代でもあった。西方では、最古の教会堂や洗礼堂が四世紀に登場し、コンスタンティヌス治下では、ローマやコンスタンティノポリス、エルサレムに建設された。裕福なキリスト教徒による寄付や遺贈によって、その建築モデルはあらゆる都市ですぐに模倣されたのである。

最も広く使用された建築プランは、都市や宮殿のバシリカのものであり、それはアプシスをもつ中央の身廊と、列柱でその身廊とは分離された両脇の二つの側廊をもつものだった。ローマのラテラノ大聖堂やサン・ピエトロ大聖堂がその例である。しかしまた、サンタ・コスタンツァ聖堂やサン・ステファノ・ロトンド聖堂のような円形の教会堂も建造された。あるいは、ユスティニアヌス時代にコンスタンティノポリスで建てられたアギア・ソフィア聖堂のように、丸天井を有する建物もあった。

こうした建築物の建設には、崩れたり転用されたりした古い建築物の柱が再利用された。古代末期に特徴的なのは二重内陣式聖堂の建設だが、その目的については未だに結論が出ていない。とくに美しい建築物は、金箔、壁画、あるいはモザイクによって装飾され、そこに典礼用の調度品や聖具、すなわち祭壇、ランプ、パテナ、聖体器、吊り香炉が置かれた。これらを装飾して維持し、調度品を備えるための費用は、現金による寄付だけでなく、定期的な地代をもたらす土地からの収入によって賄われた。

2　古代末期最大の工事：コンスタンティノポリス

コンスタンティノポリスは、異論の余地なく、古代末期最大の都市建設事業だった。三二四年のリキニウスに対する最終的な勝利の後、唯一の正帝となったコンスタンティヌスは、エウロパ属州のボスフォラス海峡沿いに位置するギリシア都市ビザンティオンの地に、新しいローマを建設することを決定した。コンスタンティヌスは、六年の建設期間を経た三三〇年、都市は未だ完成していなかったにもかかわらず、都市の奉献式を行なわせた。

この都市の東部、かつてのアクロポリスの南側には、新しい都市の中心となるいくつもの建造物が建設された。皇帝宮殿、それに隣接した競技場《キルクス》──ここではヒッポドロームと呼ばれた──、聖智教会（アギア・ソフィアの文字どおりの訳語）、黄金のマイル標石《ミリアリウム・アウレウム》といったものである。西側には、城壁が建てられた。

この中心部から見て、市街地を広げることのできる唯一の方角だった西に向かって、この都市は広がっていた。中心軸である大通り《メセー》に沿って、皇帝たちは、列柱や彫像で飾られたそれぞれのフォルムや水道橋、貯水池、浴場を建設させた。テオドシウス二世の道長官だったアンテミウスは、四一二年から四一四年にかけて、さらに西側に第二の城壁を建設させた。この城壁はとりわけ威容を誇っており、塔、斜堤、壕によって構成される三重の防衛線からなっていた。特筆すべきことに、コンスタンティヌスはこの新しいローマを「調度品で飾る」ために、古いローマやさまざまな都市から彫像を運び出させることまでしたのである。

3　古い建造物の維持

古代末期を通して、都市ローマは、多くの工事と莫大な費用を要する厄介な問題を抱えていた。それは、十世紀にわたって蓄積された無数の公共建造物の維持と修復である。これは、皇帝や元老院議員たちの恩恵付与（エヴェルジェティスム）が、もっぱら教会やバシリカの建設に振り向けられた時代であるがゆえの問題だった。

マヨリアヌス（在位：四五七〜四六一年）の第四新勅法は、この点に関して非常に示唆的である。この新勅法は、現存する公共建造物から石材を運び出すのを都市の役人たちが認めることを、重い罰金刑をもって禁じている。西方の帝国が崩壊した後には、多くの建造物が切石の採石場として利用された。

しかし、神殿に関しては違っていた。テオドシウス以降、市民が神殿に通うのは禁止された。いくつかの神殿は破壊されたものの、神殿は法によって護られた。それゆえ神殿は存続したが、閉鎖されていたのである。神殿が教会堂として再利用されるのは、ずっと後のことだった。たとえば、ローマ市で神殿が初めて教会堂に変えられたのはアグリッパのパンテオンであり、六〇九年のことだった。建造物の維持に手を抜いたことで、老朽化した建物は荒廃し、石材や柱は新しい建物に再利用されたのである。

Ⅳ　造形芸術の質

二十世紀初頭に古代末期美術へ向けられた中傷を再検討したアロイス・リーグルとハインリッヒ・ヴェルフリンの先駆的な研究以降、古代末期美術は古典古代と同様の品格をもつ芸術とみなされた。それ以降、この芸術が、粗野で、野蛮で、退廃的だとされることはもはやなくなった。さらに付け加えるなら、「単一の」古代末期美術というものは存在せず、時代や地域によって異なる複数の美術と様式が存在していたのである。

古代末期美術の評価に対する第二の見直しは二十世紀末におこり、現在も進行中である。それは、初期キリスト教美術と名付けられている。こんにちの研究では、古代末期にはキリスト教独自の美術は存在しなかったと結論づける傾向にある。この時代の美術様式や図像選択は古代の伝統に則っている。よって「初期キリスト教美術」は、たとえその図像主題が独自のものであっても、古代美術に属している。つまり、キリスト教徒の芸術家たちは、「古風な」もので「新しい」ものを作り上げたのである。

1　優れた技量

能書（カリグラフィ）が美しい装丁の本の発展と結びついていたことは確かだが、しかしそれと同時に聖人信仰の発展とも関係している。教皇ダマススは、素晴らしい大文字で刻まれた韻文（カルミナ）を彼が崇敬するローマの殉教者たちの墓に刻ませた。四世紀後半の最も卓越したローマの能書家フィロカルスの名にちなんで、その書体は「フィロカルス」書体と呼ばれている。しかしこの例はやや異色で、むしろ擬古主義（アルカイズム）を示している。特筆すべき例外もあるとはいえ、古代末期の碑文は、文法においても書体においても、石工の技術が低下したことを示している。しかし、いくつもの豪奢な写本を生んだ写本制作技術は、それとはまったく別の形で発展した。

ローマ時代のモザイクは、ヘレニズム時代のモザイクを受け継いでいる。この芸術は世俗の領域で素晴らしいものを残しており、モザイクは、シチリア、アフリカ、シリアなどの住居の床面を豊かに装飾した。こうしたモザイクは、ローマの属州における裕福な人びとの日常生活を垣間見せてくれる。そして四世紀には、モザイクは、教会堂や洗礼堂の壁面を飾ることになった。たとえば、ローマのサンタ・コンスタンツァ聖堂を飾った牧歌的なモザイクや、ミラノのアンブロシウスの全身像を描いたモザイクが知られている。古代末期のモザイクで最も貴重な作例は、六世紀に建立されたラヴェンナの数々の教会堂と洗礼堂である。そこには、古代末期のモザイク作例に特有の、ときに牧歌的であり、ときに儀式的な諸要素が凝縮されている。

浮彫り（レリーフ）芸術は石棺でしばしば見受けられる。凱旋門の黄金時代は過ぎ去った。最後にして最大のコンスタンティヌスの凱旋門は、恐らく三一五年にローマで建設された。この時代のものは、いくつかの帯状装飾（フリーズ）のみである。コンスタンティヌスの凱旋門の浮彫りの大部分は、アントニヌス朝時代（二世紀）の記念建造物から再利用された。このことは、才能ある彫刻家が不足していたということだろうか？　あるいは、こうした作業のための資金が不足していたのだろうか？　貴族たちの石棺にみられる浮彫りの豊かさと質を考えれば、〔技能のある彫刻家が不足していたという最初の見方ではなく、資金が不足していたという〕後者の説に傾きたくなる。

2　古代末期の図像

荘厳さと表現性：これら二つの言葉は、モザイク芸術だけでなく彫刻の分野においても、古代末期美術の主たる特徴を示している。

（A）絵画と彫刻は、皇帝図像とその権力の表現に利用された。画布に描かれた皇帝の肖像画は、属州総督の官邸で展示された。これらの肖像画の前で、総督たちは、皇帝の名のもとに裁判を行なった。皇帝は同様に、肖像として貨幣にも刻まれた。それは雄弁なものだった。つまり、ユリアヌスの時代までは皇帝の容貌は尊重され、本人と識別できるものだったのである。しかし、それ以降、皇帝の姿は、王冠（ディアデマ）を付けて鬘をかぶった没個性的な肖像のタイプに融合していった。すなわち、四世紀のあいだに、君主の現実的な描写から皇帝権の象徴的な表現へと変わっていったのである。この変容の萌芽は四帝統治のイデオロギーの中に見られる。たとえば、ヴェネチアやヴァチカンに保存されている四帝統治の皇帝たちが二人ずつ組になって表現された斑岩製の彫像にその萌芽が見出される。彼らは全く同じように彫られており、身振りとごく僅かな相違点だけが、正帝と副帝のあいだの曖昧な区別を推測可能にしてくれる。これらの皇帝像が個人をわざと識別できないようにしているという事実を、この時代の頌詞作家たちによって称賛されたイデオロギーと結び付けて考えることは許されよう。つまり、〔頌詞作家たちによれば、二人の正帝による〕双子のような権力が、不可分の帝国を治めていたのである。

これら二つの小型肖像のグループを除いて、現存する彫刻作品は巨大な肖像彫刻である。たとえば、ローマのコンスタンティヌスの彫像のほか、有名なバルレッタの「巨像」もある。この〔バルレッタの〕彫像は、どの皇帝を表わしたものかは分かっていない。ウァレンティニアヌス一世やマルキアヌス、ヘラクリウスなどに帰されており、この最後のヘラクリウスという説が最も広く受け入れられている。その顔貌の表現は泰然としたもので、大きく誇張された目の表現でも同じことが言える。このことは、下から見上げられたときに、この肖像に力強い厳格さと荘厳さを与えている。

銀皿や象牙といった他の支持体では、皇帝は、王冠〔ディアデマ〕、光背、王杖、勝利の宝珠といった権力の持物《アトリビュート》で盛装している。マドリッドに保存されているミッソリウム〔銀製の大皿〕には、息子たちのあいだに座って光背を伴ったテオドシウスが表わされている。『三五四年の年代記』にはコンスタンティウス二世が描かれているが、これは皇帝が正装で玉座に座っている姿を表わした初めての図像である。この姿勢は、図像学的には「主（ドミヌス）」を示すために選ばれるもので、キリスト教の教会堂の半円ドーム（四分穹窿）のモザイクで玉座のキリストを描くために用いられた。

皇帝図像の強力さと比べ、ローマの元老院議員（クラリッシムス）たちの図像はつつましく思われる。元老院議員たちは、執政官就任記念に作成された象牙製の二連板（ディプティック）に、正装をして、競技場《キルクス》の砂の上に布（マッパ）を落とすことで競走開始の合図を与えようとしている姿で表わされた。四世紀のローマ市長官ユニウス・バッススの奢侈は比類ないものである。彼のローマの邸宅を飾った多彩色の大理石の象嵌細工《マルケトリ》の断片が保存されている。それらのうちの一つには、戦車を引く御者の姿が描かれている。ヴァチカンに保存されている彼の石棺は、古代末期にさらに盛んになった浮彫りで飾られている。

（B）四世紀から七世紀のあいだ、キリスト教図像は古典の主題に忠実であった。葡萄の収穫、羊飼い、オルフェウスと竪琴、狩猟、孔雀と鳩、イルカと錨など、聖書の逸話を描くことのできる主題は、キリスト教徒の司牧にも用いられた。こうした主題は、背徳、救済、希望といった意味も持っていた。カタコンベの壁画、教会堂のモザイク、石棺の浮彫りは、新約聖書からと同様、旧約聖書からも取り入れられた聖書上の説話の表現を付け加えた。これらの図像はまた、キリスト教特有の象徴の記号表現によっても異彩を放っている。たとえば、クリスモン（クリスマ）、魚、器（杯）やパンなどが挙げられる。十字架の造形化は極めて遅いものでしかなく、西方では東方よりさらに遅かった（六世紀）。

あらゆる知的領域と同じく、キリスト教的な図像の本質的特徴は、古代文化の主題との習合（シンクレティズム）であった。そしてまた、古代末期の図像が中世に残した貴重な遺産は、身振りの表現だけでなく、主題においても確認されるのである。

第五章　混淆した世界

I　未だ古代にして、もはや全き古代ならず

1　書かれたものの隆盛、語ることの衰微

長いあいだ、碑文の減少ゆえに、古代末期の文明では書くことが衰微したと考えられてきた。このことは、碑文が書くことのすべてだったわけではなく、都市の限定的な政治文化に結びついた単なる顕示的なコミュニケーションの方法だったことを無視していた。またそれとは反対に、これまで見てきたように、この時代はパピルスの小冊子から羊皮紙の大型本にいたるまで書物が開花した時期でもあった。二世紀から四世紀にかけて、「巻子本（ウォルメン）」から「冊子本（コデックス）」への支持体の変化は、古代のテクストの減少によって示されている。しかし、〔古代のテクストが減少する一方で、この時代には〕新しいものも付け加わっており、しかもその数は多かった。最も特徴的な例として、法と宗教に関するものが挙げられる。五〜六世紀を通して法文や法学文献の

法典化がすすんだことは、書かれたものに対して重みと正当性をさらに付け加えた。キリスト教は、書物の宗教として、書き留められた形で解釈や教義を生んだ。したがって、書かれたものが聖なるものを媒介したのである。だからこそ、書かれたものは、中世に先立つ蛮族諸王国がキリスト教を保持するのに大きな役割を果たした。書かれたものこそが法と啓示とを支えたのであり、権威を媒介し、敬意の対象ともなったのである。

それに反して、書かれたものがこのように優位になったことは、恐らく、語ることが、より精確に言えば、古典文明の本質的な構成要素だった演説の技術が、衰微する一つの要因となった。六世紀には、「教会の」説教にも演説の技術はもはや残っていなかった。しかしながら、韻律・修辞・弁証という自由学芸の理論は残された。マクロビウスの『サトゥルナリア』やマルティアヌス・カペッラの『文献学とメルクリウスの結婚』は、このような理論が残されていたことを示す記念碑的な名作であり、そこでは本質的なものと副次的なものとが共存していた。六世紀初頭、ボエティウスがアリストテレスの論理学の著作をラテン語に翻訳した際、彼は同様の悩みを抱えた。すなわち、脱ヘレニズム化された西方においてあらゆる論理を有効に機能させるために、単語の正確な意味を保つのに苦労したのである。その一世紀後、セビリアのイシドルスの歩みも似たようなもので、ただしそれは一層野心的なものだった。イシドルスは、著作『語源』において古代の知識を可能な限り収集し、百科全書的な形で収録した。彼はこの著作を語義の説明の形で作成したのである。したがって、古代末期の知識人たちの関心は、教育的で学術的な分類であった。単語の正確な意味を保つことだけが、明晰な思考と明快な文章を養うことを可能にした。それは、知と文化に対する現実的な脅威だった誤解に対して戦うことであった。このようにして、ボエティウスとイシドルスは、古代を引き延ばす者となり、それは中世を通して引き継がれた。

2 古代都市の名残？

北アフリカに関するクロード・ルプレの研究[1]や、シャルロット・ルーシェによるカリアのアフロディシアスの研究[2]は、次のことを示している。すなわち、都市という枠組は古代末期を通して、東方においても西方においても維持された。しかし、それは変貌なしにという意味ではない。四世紀以来、都市のエリートたちはある種の不安を感じていた。確かに、ローマ的なキウィタスやポリスといった小さな共同体においては、その諸組織は機能していた。各都市で、名望家たちは都市参事会身分を形成し、各都市を支配していたのである。彼らは、二人委員にいたるまで諸公職への階梯を依然としてたどっていった。しかし、いくつかの変化が、古い都市の制度を次第に変質させていった。まずは、属州の数を増大させた行政改革が挙げられる。この改革は、皇帝に任じられた属州総督と諸都市のあいだの関係を近づけた。それはまた、都市参事会員たちに対して、彼ら自身の財産を型にして、税の徴収を確実に行なわせようとするものでもあった。かつて同朋市民に対して恩恵を施与して人気を得ていた者たちは、もっとも不人気な役割を果たしていると考えるようになり、その上、資産を無くす脅威にさらされていた。

ウァレンティニアヌス一世は、収税吏団を組織したが、彼らはその任務を果たさず、無駄に終わった。五世紀中葉、サルウィアヌスは毎度のことながら罵倒を繰り返し、「都市参事会員の数だけ暴君がいる！」と述べている。そのうえ、皇帝の財政政策も存在した。ウァレンティニアヌス一世は、国庫（フィスクス）のために、都市の税収の三分の二を剝奪した。さらに、皇帝礼拝がテオドシウス治世に廃止され、それに伴って、都市参事会員たちに課され、彼らの結束を強めていた神官職の負担も廃止されたことを付け加えておこう。三六三年のティムガドの都市参事会員名簿には、キリスト教徒の神官たちもいたことを忘れてはならない。

（1）巻末参考文献【24】。
（2）巻末参考文献【77】。

こうして、三六〇年代以降、都市の経済状況は悪化していった。そして、都市のエリートたちは板挟みに陥った。公共建築事業は、とりわけ蛮族の移動によって混乱した西方においては、ますます稀で簡素なものとなった。四世紀から六世紀にかけての法では、都市参事会員たちに対して都市に戻るよう繰り返し命じられている。このことは、彼らの多くが安全な場所に逃げ込んで世襲の責任を逃れようと画策していたことを示している。エジプトでは修道僧の共同体に身を置く者もいた。あるいは、属州や管区、道といった行政官庁に潜り込む者もいた。その他、田園地帯の所領に引っ込む者もいた。法律では、こうした彼らの態度は、逃亡、あるいは出身都市に対する忘恩とみなされた。財産の没収から逃れた都市参事会員たちは、法律の脅威にさらされたのである。

もし、都市参事会のエリートたちが問題を抱えていたなら、帝国の政治文化は脅威にさらされたであろう。なぜならそれは、大部分をギリシアから受け継ぎ、帝政前期に特徴づけられた都市を基礎とした文化だったからである。それ故、ここに断絶が生じていくのが見出される。指導者や著述家が都市名望家に対して、都市の守護者としての、あるいは恩恵の付与者としての彼らの義務の履行を求め、依然としてアゴラやフォルムといった〔公共広場に代表される〕都市の理想を称揚する一方で、他方では、都市参事会員たちはそこから逃れるためにさまざまな方法を試みた。したがって、理想は現実の対極にあり、この両者の不適合は指導者層のあいだにおいてさえも深刻な断絶を生んだ。都市参事会員たちにあたるこの「アッパーミドルクラス」の混乱は、恐らく、都市内部で司教の地位を高めることになった。司教たちの多くは、都市参事会員層の出身だったが、その教会での職務は彼らを出自《オリゴ》による義務から解放した。司教たちは、政治上、行政上、あるいは財政上の負担を免れたので、とくに貧者と病人への施しをすることで、恵与者としての役割を教会のものとすることができた。都市を尊重することで高められた司教たちは、その崇敬が飛躍的発展を遂げていた聖人たちの守護の下に、都市の守護者、あるいは庇護者となった。こうして司教たちは、徐々に世俗のエリートたちを凌ぎ、「都市（キウィタス）」という形《モデル》を継続させたのである。したがって、古代都市は、司教が都市の中で卓越した役割を果たす中世の萌芽を芽生えさせつつ、古代末期にも生き延びた。都市は、人びとの心の中で、ものの見方を強く支配する基本的な枠組《パラダイム》であり続けた。たとえば、アウグスティヌスは、神の王国を示すのに「キウィタス（都市）」という言葉を選んだのである。同様に、ヨハネス・クリュソストモスは、教育を受けるべき子供の魂の隠喩としてこの言葉を用いた。ここにこそ、古代文化の刻印が見出される。

しかしながら、古代末期の都市の中心はもはやフォルムではなかった。それが息づいていたのは、この時代には属州総督や司教団の宮殿だった。六世紀の西方では、司教が、帝政期には世俗の高官に任されていた、政治・行政・財政の権力の保持者だったのである。たとえばローマでは、大グレゴリウス（在任：五九〇〜六〇四年）の活動範囲は、元老院が残存していたにもかかわらず、かつてのダマスス一世（在任：三六六〜三八四年）やレオ一世（在任：四四〇〜四六一年）よりも、ずっと広い分野に及んでいたのである。

3 奴隷制の存続

古代末期の社会は、奴隷制を支持するものであった。二世紀には、アントニヌス朝の皇帝たちが、主人の恣意と残忍から奴隷を保護していた。四世紀には、コンスタンティヌスが奴隷の待遇を穏やかにする処置をとった。奴隷解放の手続きが容易になり、その一部が教会の庇護下に置かれたとしても、奴隷制自体が再検討されることはなかった。逃亡奴隷には重い刑が科された。キリスト教がこの領域に影響をもたらしたとすれば、それは奴隷をより人間的に扱うよう主張したということである。しかし、問題はそれだけではなかった。五世紀初頭、富裕なローマ女性ウァレリア・メラニアは、彼女の所領にいた奴隷すべてを一度に解放することに決めたが、何千もの奴隷がそれを拒んだのである。

実際、奴隷の生活条件が改善されたように思われるのに対して、小農民たちの生活条件は次第に悪化していった。耕作者を地主の土地に束縛する小作制（コロナートゥス制）が拡大したことで、小農民たちの自由は理屈だけのものになってしまい、彼らの境遇が奴隷たちより酷くなることもしばしばだった。したがって、出生自由人と奴隷のあいだの格差は緩和された。法的には、両者の違いはもはや微妙なものでしかなかった。中世の農奴は奴隷のなれのはてなのか、あるいは古代の小作人の変化したものなのか、という長い論争が生まれたのは、この未分化状態からだったのである。

4　暦法

キリスト紀元による紀年法は、ディオニュシウス・エクシグウスによって六世紀に考案されたものの、七世紀以前に用いられることはなかった。このことは、古代末期のあいだ、時間は依然として旧来の規準で算定されていたことを意味している。その規準は多様であり、〔現代の日本で元号と西暦が同時に用いられることがあるのと同じように〕著述家たちはしばしばいくつかの年代を重ねて書き記した。彼らは誤りを減らすことに注意を傾けていたが、その結果は、むしろ年代算定の基準を増やすことにつながった。年代記作家たちは、ローマ建国紀元（前七五三年）、あるいはオリンピア紀元（前七七六年）といった非常に古い手段を用いた。しかし、もう少し新しいものもあった。たとえば、ディオクレティアヌス紀元やインディクティオ（課税調査）周期（一五年ごと）といったものである。さらに、皇帝の即位紀元や執政官の名前による紀年法でも依然として年代表記は可能だった。伝統的な執政官職の最後の年となった五四一年以降は、執政官以後を基準として年代を算定した。キリスト教特有の紀年法を欠いていたという事実は、古代末期を古代文化の側に位置付ける。実際、カエサリアのエウセビオスは『旧約聖書』に基づいて天地創造からの編年を確立しようとしたが、その暦法は使われなかった。キリスト教的な紀年法（西暦）は、ディオニュシウス・エクシグウスによって作り上げられた。この紀年法には、キリストの生誕年に数年の誤差があった。七世紀より前には、キリスト教の影響は、一週間が日曜日から始まるといった週の単位や、月の単位でしか現われなかった。したがって、年代の算定に関しては、古代末期はローマ的な世紀のままだったのである。

Ⅱ　未だ中世ならずして、もはやわずかに……

1　ローマ化と「蛮族化」

長いこと、帝国の最期は、蛮族の侵入者による退廃したローマ人の打倒として提示されてきた。それは、あたかも新しい血が老いた社会の崩壊を早めたかのようであった。

とはいえ、ローマ帝国は決して閉鎖された世界ではなかったし、境界領域で暮らし、通商関係のあった蛮族集団とはつねに接触があった。四世紀よりも前から、たとえばマルクス・アウレリウスの時代や三世紀を通して、帝国領は蛮族の侵入を経験していたのである。

新しい点は、四世紀後半に蛮族の圧力が増大したことに由来する。ライン川流域におけるフランク族やアラマンニ族、スエビ族、ドナウ川流域におけるゴート族やクアディ族、アラン族といった集団である。長い時間をかけて帝国の境界にまで移動してきたこれらの集団は、この時代、彼らの背後で起こっていた新たな移動の動きによって動揺した。中でも最も知られているのがフン族である。

この時代、すなわち四世紀中葉から、フランク族やアラマンニ族、ゴート族は、戦利品を獲得するために帝国内に侵入することよりも、豊かで安全な場所に避難することを優先した。時代錯誤の反プロイセン的な幻想が残ったために、〔フランスでは〕不当にも「蛮族の侵入」と呼ばれているこの事態は、ドナウ川流域の諸地方においては、大規模な移民であり、それにぞんざいな同化が続いた。ガリアやヒスパニア、さらに北アフリカでは、放浪民の移動であり、それが破壊をもたらしたのは移動の初期（四〇七〜四三九年）だけであった。それゆえ、ドイツ語の表現である「民族大移動（Völkerwanderung）」の方が正当だと思われる。私見では、トレック（trek）という言葉に注目したい。この表現は、南アフリカのボーア人の物語のなかの有名な一節から借用したもので、そこでは、民族大移動（グランド・トレック）が他の人びとの移動を引き起こし、新しい国家の創設につながったのである。

ゴート族は、他の部族よりも一層、ローマ帝国に同化しようとした。テオドシウスは彼らの同化を助けたが、彼の息子たち、アルカディウスとホノリウスは、この政策に関して側近たちの強い反対にぶつかった。

五世紀の西方の帝国の歴史は、実際、スティリコ、アエティウス、リキメルという三人の蛮族出身のパトリキによって動かされた。完璧にローマ人と同化した彼らは、権力を簒奪しようともせずに、帝国の守護者となった。皇帝権に対する彼らの敬意は、神話的存在となった国家に対する敬意と解される。このことはまた、彼らが帝国を破壊することよりも、むしろそこに同化しようとする意思を持っていたことを反映している。

ローマ社会はそれ自体多元的だったのであり、四世紀後半の時点で既に混血が進んでいた。ローマ人と蛮族のあいだの結婚を禁じたウァレンティニアヌス一世の諸措置は、この混血の進行を阻止することはできなかった。さらに、古代末期の戦争を真のローマ人と真の蛮族のあいだの対立とみなすのは、一面的で誤った見方である。ローマ軍はその兵力の中に多くの外国人を含んでいた。一般の兵士レベルでは、これは古くからのローマの伝統であったが、指揮官レベルでは新しい出来事であった。

蛮族の多くはこの時点で既にローマ化し、キリスト教化していた。そしてローマ人の方は、蛮族に由来する技術や言葉、武具を取り入れていた。よって、相互浸透の過程は既に始まっていたのである。

古代ローマの管区を継承した西方の諸王国においては、文化的な差異は、とりわけ貴族層のあいだで残存していた。ローマ人は、都市生活と書物文化に対する偏愛を維持し続けた。こうした要素は、新たな支配者たちに、賛美と同時に疑念を喚起した。有名な「アルベルティーニ木簡」のようなヴァンダル時代の北アフリカで保存された史料群は、法律や不動産所有といった分野での文化変容を示している。

2　支配的なキリスト教

キリスト教がローマ帝国の中で幅を利かせるようになったのは、四世紀末か五世紀中のことにすぎない。それと同時に、「蛮族」の人びとを宣教によって、まずはアリウス派という異端の形で、次いで正統派、カトリックという形で引き込んだ。勝ち誇ったキリスト教は、こうしてローマ市民の枠を超えたのである。

(A)　権力の伸長

西方では、ローマの政治や行政の仕組みが次第に弱まっていったために、聖職者や修道士といった階層が次第に地位を向上させ、社会での影響力を増大させた。それと同時に、世俗の人びとの威信は、それ自体が古代ローマの組織を摸したものだった教会の制度に依存するほどまでに弱体化した。七世紀初頭、ローマの使徒座は、西方のキリスト教徒たちに対する権威を確立し始めた。ローマ司教は教皇となったのである。

東方では、聖職者や修道士といった階層は皇帝権の下に従属し続けていた。西方ではニケーア信条が認められていたのに対し、東方では四～五世紀に生じた宗派の分裂――アリウス派、ネストリウス派、単性説――が続いていた。帝国は維持されていたが、恐らく、極めて有害な宗教的諸問題が七世紀のアラブ人の征服を容易にさせたのである。

キリスト教会の力とは、金銭的なものであると同時に不動産によるものであった。四世紀以降、寄進や遺贈、基金によって、教会財産の基礎が築かれた。それゆえ教会は、莫大な土地資産を築きあげながら貧困を讃えるという矛盾に直面させられることになった。

（B）聖人崇敬

聖人崇敬は、アタナシウスの『聖アントニウス伝』やスルピキウス・セウェルスの『聖マルティヌス伝』といった有名な聖人伝のテクストを土壌として花開いた。その最初の証言は四世紀末、テオドシウスが聖遺物取引を禁止したときのことである。この崇敬は、その後安定的に発展し、六世紀に絶頂に達した。評判の高い聖人は、存命中から、治癒を望む病人たちを惹き付けた。死去した聖人の遺体に関しては、遺体が埋められた周囲の土地にその徳を与えると考えられていた。また同時に、人びとは聖人のそばに《アド・サンクトス》埋葬されることを望んだ。生き方が信用の礎となるという意味では、この〔聖人たちの持つ〕聖性は古代の伝統から生じたものだった。しかし、聖人たちを神と人間のあいだの特権的な仲介者とみなすという点においては、古代の伝統とは隔たっていた。このような背景において、古代末期に奇蹟《ミラビリア》は重要な役割を果たしたのである。つまり、奇蹟とは、神との特権的な関係を証明するものでしかなかった。奇蹟の記録たる古代末期の聖人伝において奇蹟が数量的に増加したことは、聖人の評判とその守護する都市の名声の増大を示しているのかもしれない。たとえば、六世紀末にトゥールのグレゴリウスによって書かれた『聖マルティヌスの徳目に関する書』はその奇蹟に関する記録だが、そこにはマルティヌスの聖域の名声が及ぶ地理的な範囲が反映されている。それゆえ、聖人崇敬の第二の効果は巡礼の発展であり、エルサレムやローマをはじめ、その他の評判の高い守護聖人を有する諸都市にとっては、間接的に経済的な繁栄をもたらすものとなった。

（C）不幸の救済

五世紀と六世紀は、四世紀とは暴力的なまでの対照をなしている。知られている史料を信頼するなら、四世紀はさまざまな病を免れていた。五世紀半ばには、帝国は深刻な疫病を経験したが、詳細は分かっていない。それとは逆に、五四一年から猛威をふるった腺ペストに関する史料は非常に豊富である。このペストの流行はエジプトで始まり、一年後にはコンスタンティノポリスに到達、その後西方へと広がった。さらに、七世紀を通して、たびたび流行を繰り返している。この恐るべき疫病が、一般の病気に加わったのである。こうした惨禍に直面して、教会は改宗と治療を関連付け、聖人たちによる治癒を提示した。こうして、六〜七世紀には、中世的な信仰の前兆が現われ、神との契約をより重視していた四〜五世紀の信仰のあり方からは離れていったのである。

3　世紀に刻まれたキリスト教

（A）富者と貧者

キリスト教的な言説がもたらした新しい点のうち大きなもののひとつは、富や貧困との関係である。富は、節度を超えない限り、それ自体が非難されることはなかったが、それに対して貧困は二つの反応を生んだ。すなわち、貧しさに対する同情と慈善、そしてみずからの意思による貧困への賛美である。キリスト教的な言説において、これらすべてが真新しいものではなかったことは確かである。たとえば、高利貸しに対する非難は、既に異教社会においても存在していた。しかし、強者の利己的な独断に対する激しい非難と、弱者に対する同情は、古代ローマの社会秩序を覆そうとするものだった。信望が貧者や病人とともに獲得されたのに対して、富者に及んだものは羞恥であり、富者が施与者としての責務を免れたとしても、それは慈善という形をとることになった。

しかしながら、その権威や影響力を心配して、ローマ貴族らしい富を誇示するような生活を放棄できない司教もいた。その一人が、三六六年から三八四年までローマ司教だったダマスス一世である。こうした司教と、修道院の急進主義の支持者たちのあいだには亀裂が生じ、現代においてまでしばしば行なわれる論争の主題を提供した。

（B）思考のなかの真実と生活における罪の規準

キリスト教は、単独の真の神としての唯一神というユダヤ的概念を広めた。唯一の真の信仰であることを示すために、キリスト教はみずからを示すのに「普遍的な（カトリコス）」とか「正しい（オルトドクソス）」という形容詞を多用した。この普遍性の主張は、ばらばらだったものを唯一の真の信仰にまとめ上げることになり、そうでないものを誤りとして排除した。異教とは大きく異なる点だが、キリスト教では一方に真実があり、他方には、戦うべき病とみなされた過ちが存在した。それゆえ、五世紀初頭から、異端とされた者たちは異教徒と同じ法的状態に置かれたのである。

キリスト教的な道徳に関していえば、それが新しい独自の価値しか称賛しなかったわけではない。とはいえ、その根源はもはや哲学的なものでも市民的なものでもなく、宗教的なものだった。しかも、その根は、聖書という土壌から栄養を得ていたのである。したがって、その根は、聖書解釈学者たちによる多かれ少なかれ厳格な解釈に従属していたが、また、哲学的徳目といった他の根と交わり合うことも可能だった。

（C）新しい概念

古代末期は、キリスト教に端を発する、あるいはそれによって変容させられた、新しい概念が幅を利かせた時代だった。すなわち、神の恩寵、神の意思、贖罪、救済といった概念である。歴史は、もはや運命（ファトゥム）とは見なされず、人間の自由も刻印されていたにせよ、神の思召しと見なされた。この時代は、地震、疫病、暴力といった時代の不幸にもかかわらず、ドッズの言葉を再び借用すれば、「不安の時代」だったのだろうか？　むしろ、疑問と再定義の時代というべきだろう。ピーター・ブラウンの言葉を借りるなら、この時代は「野心の時代」であった。

神の恩寵と神の意志という概念は、過去と現在を神の介入と構想によって説明することを可能にした。贖罪と救済は、拷問を受け、死に、そして復活したキリストの例にあるように、苦しみの中で生きていた人びとに希望に満ちた見通しを与えた。イシスやミトラスのような救済論的な信仰が隆盛を迎えたことで既に帝政前期にも始まっていたように、古代末期の歴史はまた、このような世界の見方を広めることになったのである。

(D) ローマ人(ポプルス・ロマヌス)から普遍なる教会(エクレシア・カトリカ)へ

ローマ国家は、ローマ人の名の下に帝国の住民たちを整理するという野心をもっていた。それは、カラカラによってローマ市民権がほぼ一般化したことで、二一二年に現実のものとなった〔=「アントニヌス勅令」〕。

皇帝や司教たちの野心は、五世紀以降、同じ教義に従ったキリスト教徒の集団を形成することだった。それは、古代都市のモデルに従って、とくにローマという普遍的な都市のモデルに従って表わされた。それゆえ、その枠組みが古代のものであったのなら、この構想もまたそうだったのではないだろうか。ローマが全世界であると主張されていたとするなら、恐らく、キリスト教的なローマもカトリック、すなわち普遍的たることを望んだのだろう。実際、普遍性の主張以上にローマ的なことがあるだろうか?

また、それ以上にストア派的であることがあるだろうか?

しかしながら、当時の情勢は、ローマ帝国が不変ではなかったことを示している。四〇七年から四三九年のあいだに、ローマ帝国は西方属州の三分の二を失った。四七六年から四八六年のあいだに、帝国は西方では存在しなくなった。それ以来、〔同じ教義に従ったキリスト教徒の集団を形成しようという〕その野心が衰えることはなく、むしろより大きくなった。帝国は、もはやローマ市民だけをキリスト教徒にするのではなく、生き残った帝国の境界を越え、人びとを結集してキリスト教世界を設立することを望んだ。そのことは、たとえば、それまで決してローマ的ではなかった島であるにもかかわらず、ヒベルニア、すなわちアイルランドが、キリスト教を介して遅ればせながらラテン世界に入ってきたことからも確証される。キリスト教徒のペルシアや中央アジアへの移住も同様である。このことは、キリスト教が、これまでローマが保持したことがなかったような地域まで、辺境を越えてローマを運び出していったことを示している。しかしながら、この中心から遠く離れたローマは、依然としてローマだったのだろうか？

結論

野蛮な中世に先立ち衰退しつつあった末期のローマ帝国、という陰鬱な見方は、こんにちでは古代末期という概念にとって代わられている。四世紀間にわたるこの時代は、全くもって没落の時代などではない。この時代には、深甚な変化が順次生じていた。かつて暗いと思われていたこの時代は、寒々とした懐旧の情《ノスタルジー》で内向きになった時代ではなく、一〇〇〇年以上にわたる過去を自在に使いこなすことで、未来にも開かれた時代だったのである。

四世紀のローマ帝国は、行政や軍事面の改革によって、さらにはキリスト教化によっても変化した。それにもかかわらず、帝国は極めて古典的なままだった。五世紀以降、西方の帝国は共和政期の征服以来初めて、領土的縮小を経験した。そして同様に、ローマの歴史認識も揺らぐことになった。伝統や革新を訴えることで疑念が目立つようになる時代の幕開けだった。未来には、退行や断絶を経験することになるのではないだろうか。実際には、どちらも経験することはなかった。未来についての問題自体は、偉大なる過去に基づいてローマ的な永遠の現在を繰り返し問いかけるものなのだから、新しい問題ではないのではないか。古代末期にはギリシア・ローマの教育の与える知的な骨組みが強固なものとして存在していた。その教育は、危機も含めてその時代の変化を肯定的に考えるような能力、つまり、古く栄養に富んだ培養土の上に新しいものがもたらされたと見なせるような能力を、その教育を受けた者に与えていた。この二つの傾向は、古代末期特有のイメージが花開いたものだと表現できる。〔同時代の〕文献が部分的にでも現実を反映していたとするなら、その現実はローマに神話的な様相を生じさせていた。現実にはもはやローマは存在せず、詩的な言葉とイメージだけが永続していたのである。たとえば、それはアウソニウスやクラウディアヌス、あるいはシドニウス・アポリナリスの作品においてであり、異教徒でもキリスト教徒でも同じことだった。

西方では、その変容は、さながら痙攣をおこしているかのように進んでいった。ローマはローマのまま、つまり首都のままだった。帝国の象徴的な都であり、神話的な存在となった。しかし、五世紀以降も、幾多の王国に散らばった「キリスト教的市民」の都だったのである。東方ではローマ皇帝権がギリシア化しながらも存続したが、ラテン的なその古代の揺籃の地とは疎遠になった。その構造は次第に変化していき、ビザンティン帝国の歴史を通してますます遠ざかっていった。

したがって、結局のところ古代末期というのは、老境にあると同時に若年であり、また絶頂期であると同時に誕生の時でもあったように見える。古代末期は莫大な遺産を引き継ぎ、次々と人手に触れて変容したために完全ではなかったものの、注意深く情熱をもってそれを次代へと引き渡した。古代末期は単なる過渡期にすぎないのだろうか。あらゆる時代がそうなのだが、しかしそれだけに留まるということはないだろう。古代末期は、地中海域の歴史において、またヨーロッパの中近世の政治・文化の歴史において、きわめて重要な時代なのである。ローマ人の帝国は、その権威の下にあまりに多様な人びと、言葉、宗教、言語をまとめ上げていた。したがって、「ローマ化」と呼ばれるものは、帝国の地域ごとに異なった異文化受容を引き起こしていた。それゆえ、「単一の」ローマ性というものは存在せず、エルヴェ・アングルベールが強調しているように、「複数の」ローマ性が存在していたのである。

さらに、古代末期はローマ帝国の発散する魅力を越えて存続した。その魅力は、カロリング朝やオットー朝にいたるまで、換言すれば一〇〇〇年まで、夢想や行動を引き起こす原動力となり、ローマ帝国を神話的なパラダイムへと変容させたのである。「革新」と「復興」は文化的な徳目にまで高められ、ローマへの回帰として——このローマとは古代末期に遺産へと変容したものである——認識されたのである。

訳者あとがき

本書は、Bertrand Lançon, *L'Antiquité tardive*（Coll. « Que sais-je ? » n°1455, PUF, Paris, 1997）の全訳である。ただし、原書巻末の用語解説は割愛した。著者は古代末期を専門とする研究者であり、本書のほかにも、文庫クセジュで既に邦訳のある『コンスタンティヌス――その生涯と治世』（拙訳、白水社、二〇一二年）などの著書がある。今回は、古代末期という非常に幅広い内容の著作であることから、古代末期美術を専門とする瀧本みわと大清水が共同で翻訳する形をとった。序論と第一～二章、結論を大清水が分担し、第三～五章を瀧本が担当したが、訳文の表現などは最終的に大清水の責任で統一している。一読していただければ分かるように、本書には古代末期にまつわる膨大な数の人物が登場する。古代の人名については、皇帝やラテン語で著述した人物はラテン語読みで、ギリシア語で著述した人物はギリシア語読みで記し、中世以降については各国語読みを原則としたが、その原則に外れる事例もあるかもしれない。読者のご寛恕を乞いたい。また、読者の理解のために訳者が補った部分については、文庫クセジュの慣例に従い〔　〕で示している。

さて、このあとがきでは、本書『古代末期』の翻訳を思い立った理由を説明しておきたい。端的に言えば、それは、我が国の「古代末期」研究に対する違和感、あるいは危機感、と言っても良いかもしれない。

このところ「古代末期」研究は一種の流行になっている。流行といっても、西洋古代史を専門とする研究者のあいだというごく限られた世界での話だが、二〇〇〇年代以降、「古代末期」をテーマとした書籍の刊行は翻訳を中心に相次いでいる。しかしながら、その多くがピーター・ブラウンという本書にも登場した一人の研究者の著作だというところに、この流行の特色がある（巻末参考文献【1】【2】【29】【68】【69】）。ピーター・ブラウンの研究については、それぞれ翻訳者の先生方が解説されているのでここでは詳説しないが、古代地中海世界に生きた人びとのキリスト教的な心性への変化に注目したものと言って差し支えないと思う。そして、これらの翻訳の解説でもしばしば見られるように、また、二〇〇八年の第五八回日本西洋史学会での小シンポジウムでも取り上げられているように（巻末参考文献【105】）、ピーター・ブラウンこそが「古代末期」研究の創始者である、というのが、我が国における（あるいは英語圏での?）通説的な見方であるらしい。その場合、心性史よりは政治史に関心があり、西方でのローマ支配の破たんにも関心のあった訳者（大清水）としては、そのような「古代末期」研究に対しては違和感を否定できなかった（巻末参考文献【105】）。

私事で恐縮だが、その後、二〇〇九〜一〇年と二〇一二〜一三年の二度にわたり、日本学術振興会の特別研究員制度および海外特別研究員制度のおかげで、フランスで研究に従事する機会に恵まれた。三〜

四世紀の北アフリカ出土のラテン碑文を主たる研究対象とする身には、海外で研究することを考えた場合、フランスに行くというのは自然な選択だった。そして、そこで見聞した「古代末期」の理解は、「ローマ帝国の衰亡」よりも「ローマ世界の変容」を重視するという大元の姿勢に違いはないものの、日本のそれとは大きく異なるものだった。

詳しい内容は本書を読んでいただくしかないのだが、まずはひとつ、印象的だった出来事を紹介させていただきたい。古代末期を専門とする歴史系のセミナーで、そこに参加していた若手の研究者に日本の事情を話した時のことである。ピーター・ブラウンが非常に優れた研究者であることはもちろん承知しているけれど、と断ったうえで、「フランスではマルーとシャスタニョルの果たした役割が多きいかな。ドイツだったらデマントだし、イタリアだったらマッツァリーノが重要だろうね」と、事もなげに答えたのである。古代ローマ史、あるいは古代末期史という現代の国境をはるかに超えた広い世界を対象とする歴史の研究において重要なのは、このバランス感覚ではないだろうか。もっぱら英語圏の「古代末期」研究が称揚される我が国の現状は、いささかバランスを失しているように思えてならない。

蛇足ながら付け加えると、ここで名前の挙がっている研究者のうち、マルー、デマント、マッツァリーノの三人は本書の中でも名前が挙がっているが、別に本書が念頭にあっての会話ではなかった。残るシャスタニョルは、文庫クセジュで拙訳のある『ディオクレティアヌスと四帝統治』『コンスタンティヌス――その生涯と治世』の双方に登場する。いずれも非常に優れた研究者であることは言うまでもない。

もうひとつ彼我の違いを上げるとすれば、文字史料の解釈を中心とする「歴史学」と、発見されたモノを扱う「美術史」や「考古学」とのあいだの垣根の低さ、ということになるだろうか。実際に現地に赴いて調査を行なう美術史家や考古学者が数多く活躍しているヨーロッパ大陸の国々では、文献中心の歴史研究者の耳にも続々と発表される新しい調査報告の情報が入ってくる。現地の発掘情報に触れる機会がどうしても限られる日本で西洋史を研究する場合とは異なり、「考古学」や「美術史」と「歴史学」が協働することは、彼の地では自然なことなのだと思われる。その結果、「古代末期」に対する理解も、ピーター・ブラウンよりはるか以前、二十世紀初頭の美術史家アロイス・リーグルまで遡ることになるのだろう（巻末参考文献【73】）。美術史や考古学による膨大な研究の蓄積の上に、現在の「古代末期」研究が成り立っていることを忘れるべきではない。

我が国でも、すでに一九七〇年代、ローマ史の大先達である吉村忠典氏の手でR・ビアンキ＝バンディネルリ『〈人類の美術 一八〉古代末期の美術』が訳されていたことは特筆に値しよう（巻末参考文献【39】）。さらに、辻佐保子氏の古代末期・初期キリスト教舗床モザイク研究や（巻末参考文献【92】）、越宏一氏の古代末期写本画研究も評価されるべき業績である（巻末参考文献【84】【85】）。両氏の研究は、古典古代美術からの伝統継承と後に続く中世美術への橋渡しという両面から古代末期芸術の意義を解明しようとした点で、日本の古代末期美術研究をおおきく切り開くものだった。本書の翻訳の半分を、古代末期美術を専門とする瀧本が担当したことは、（自分の能力不足を棚に上げているようで恐縮だが）大きな意味があったと思っている。また、古代ギリシア美術を専門とする妻の福本薫にも、校正段階で非常に助けられたことを付記しておきたい。

順序が前後してしまったが、本書の翻訳にあたっては、リバニオス史料については田中創氏に、中世史に関しては成川岳大氏に、それぞれ教えていただくことが多かった。末筆ながら明記して謝意を表したい。また、今回も白水社編集部の浦田滋子さんには大変お世話になった。無論、本書に読みにくい部分や誤りなどが残っていれば、それらはすべて訳者の責任である。これからの「古代末期」研究がより豊かなものとなるよう祈念しつつ、訳者あとがきの結びとしたい。

二〇一三年六月　瀬田川のほとりにて

訳者を代表して　大清水裕

主要参考文献（原書巻末）

第1章

【1】P. Brown, *Genèse de l'Antiquité tardive*, Paris, Gallimard, 1984.〔P・ブラウン『古代末期の形成』（足立広明訳），慶應義塾大学出版会，2006年.〕

【2】P. Brown, *La toge et la mitre*, Paris, Thames & Hudson, 1995.〔P・ブラウン『古代末期の世界――ローマ帝国はなぜキリスト教化したか？』（宮島直機訳），（改訂新版），刀水書房，2006年.〕

【3】Av. Cameron, *L'Antiquité tardive*, Paris, Mentha, 1992.

【4】A. Demandt, *Der Fall Roms. Die Auflösung der römischen Reiches im Urteil der Nachwelt*, Münich, Beck, 1984.

【5】E. Gibbon, *Histoire du déclin et de la chute de l'Empire romain*, Paris, R. Laffont, coll. « Bouquins », 1983.〔E・ギボン『ローマ帝国衰亡史』（中野好夫／朱牟田夏雄／中野好之訳），ちくま学芸文庫，1995～1996年.〕

【6】H.-I. Marrou, *Décadence romaine ou Antiquité tardive ?*, Paris, Le Seuil, 1977.

【7】S. Mazzarino, *La fin du monde antique*, Paris, Gallimard, 1973.〔イタリア語の原著は、Id., *La fine del mondo antico*, Milano, Garzanti, 1959.〕

【8】R. Rémondon, *La crise de l'Empire romain de Marc-Aurèle à Anastase*, Paris, PUF, 1970.

第2章

【9】J. B. Bury, *History of the later Roman Empire*, New York, Dover, 2 vol., 1958.

【10】Av. Cameron, *The later Roman Empire*, Londres, Fontana, 1993.

【11】Av. Cameron, *The Mediterranean world in late Antiquity (395-600)*, Londres-New York, Routledge, 1993.

【12】J.-M. Carrié, *Les distributions alimentaires dans les cités de l'Empire romain tardif*, Mélanges de l'École française de Rome, Antiquité, 87, 1975, p. 995-1101.

【13】J.-M. Carrié, *Dioclétien et la fiscalité*, Antiquité tardive, 2, 1994, p. 33-64.

【14】A. Chastagnol, *La fin du monde antique*, Paris, NEL, 1976.

【15】A. Chastagnol, *Le Bas-Empire*, Paris, Armand Colin, rééd. 1992.

【16】Ch. Delaplace et J. France, *Histoire des Gaules*, Paris, Armand Colin, 1995.

【17】R. Delmaire, *Largesses sacrées et res privata,* Rome, Coll. de l'École française de Rome, 121, 1989.

【18】R. Delmaire, *Les institutions du Bas-Empire romain de Constantin à*

Justinien, t. 1 : Les institutions civiles palatines, Paris, Le Cerf-CNRS, 1995.
【19】E. Demougeot, *La formation de l'Europe et les invasions barbares*, Paris, Aubier-Montaigne, t. 2, 2 vol., 1979.
【20】J. Durliat, *De la ville antique à la ville byzantine. Le problème des subsistances*, Rome, Coll. de l'École française de Rome, 136. 1990.
【21】A. Giradina, (sous la dir. de), *Società romana e impero tardo antico*, Bari, Laterza, 3 vol., 1986.
【22】A. H. M. Jones, *The later Roman Empire*, Cambridge, Blackwell, 3 vol., 1964.
【23】B. Lançon, *Le monde romain tardif*, Paris, Armand Colin, 1992.
【24】Cl. Lepelley, *Les cités de l'Afrique romaine au Bas-Empire*, Paris, Études augustiniennes, 2 vol., 1979-1981.
【25】A. Piganiol, *L'Empire chrétien*, Paris, PUF, rééd. 1972.
【26】A. Schiavone (sous la dir. de), *Storia di Roma*, t. 3, 2 vol. *L'età tardo antica*, Turin, Einaudi, 1993.
【27】E. Stein, *Histoire du Bas-Empire*, Paris, Desclée de Brouwer, t. 1, 2 vol., 1959.
【28】D. Van Berchem, *L'armée de Dioclétien et la réforme constantinienne*, Paris, Geuthner, 1952.

第3章
【29】P. Brown, *La vie de saint Augustin*, Paris, Le Seuil, 1971.〔P・ブラウン『アウグスティヌス伝（上・下）』（出村和彦訳），教文館，2004年.〕
【30】P. Brown, *La société et le sacré dans l'Antiquité tardive*, Paris, Le Seuil, 1985.
【31】P. Brown, *Le renoncement à la char*, Paris, Gallimard, 1995.
【32】Av. Cameron, *Christianity and the rhetoric of Empire*, Berkeley, University of California Press, 1991.
【33】H. Inglebert, *Les Romains chrétiens face à l'Histoire de Rome. Histoire, christianisme et romanités en Occident dans l'Antiquité tardive (IIIe – Ve siècles)*, Paris, Études augustiniennes, 1996.
【34】Cl. Lepelley, *L'Empire romain et le christianisme*, Paris, Flammarion, 1969.
【35】H.-I. Marrou, *L'Église de l'Antiquité tardive (303-604)*, Paris, Le Seuil, 1995.
【36】Ch. Pietri, *Roma christiana*, Rome, BEFAR, 1976.
【37】Ch. et L. Pietri (sous la dir. de), *Histoire du christianisme, t. 2 : Naissance d'une chrétienté (250-430)*, Paris, Desclée, 1995.

第4・5章
【38】M. Banniard, *Genèse culturelle de l'Europe*, Paris, Le Seuil, 1989.
【39】R. Bianchi Bandinelli, *Rome. La fin de l'art antique*, Paris, Gallimard, 1970.〔R・ビアンキ=バンディネルリ著『〈人類の美術 18〉古代末期の美術』

（吉村忠典訳），新潮社，1974年.〕
【40】G. Cavallo, *Libri, editori e pubblico nel mondo antico*, Rome-Bari, Laterza, 1984.
【41】G. Dagron, *Naissance d'une capitale. Constantinople et ses institutions de 340 à 441*, Paris, PUF, 1974.
【42】N. Duval (sous la dir. de), *Naissance des arts chrétiens*, Paris, Imprimerie nationale, 1991.
【43】R. Herzog (sous la dir. de), *Nouvelle histoire de la littérature latine*, t. 5 : *Restauration et renouveau (284-374)*, Paris, Brépols, 1993.
【44】B. Lançon, *Rome dans l'Antiquité tardive*, Paris, Hachette, 1995.
【45】H.-I. Marrou, *Histoire de l'éducation dans l'Antiquité*, t. 2 : *Le monde romain*, Paris, Le Seuil, 1981.〔H＝I・マルー著『古代教育文化史』（横尾壮英他訳），岩波書店，1985年.〕
【46】P. Riché, *Éducation et culture dans l'Occident barbare, Ve-VIIIe siècles*, Paris, Le Seuil, 1988.
【47】F. Tristan, *Les premières images chrétiennes*, Paris, Fayard, 1996.

参考文献（訳者による補足）

ここでは、原著で引用されている史料・文献のうち、原則として邦訳のあるものをリストアップした。それに加えて、古代末期に関する邦語文献と近年（2000年代以降）の国内の研究動向を紹介しておく。ただし、拙訳のB・レミィ『ディオクレティアヌスと四帝統治』（2010年）とB・ランソン『コンスタンティヌス――その生涯と治世』（2012年）で既に紹介したものは割愛した。

1．邦訳史料

【48】アウグスティヌス『神の国（1～5）』（服部英次郎／藤本雄三訳），岩波文庫，1982～1991年.

【49】エウセビオス『教会史（上・下）』（秦剛平訳），講談社学術文庫，2011年.

【50】エウトロピウス研究会訳，「エウトロピウス『首都創建以来の略史』翻訳」，『上智史学』，52～57，2007～2012年.

【51】テオドシウス法典研究会訳，「テオドシウス法典Codex Theodosianus（1）～（21）」，『専修法学論集』59，60，61，63，1993～1995年／『立教法学』43，45，47，50，53，56，58，1996～2001年／『法政史学』57，59，62，64，66，68，70，72，77，78，2002～2012年.

【52】ボエティウス『哲学の慰め』（畠中尚志訳），岩波文庫，1984年（初版1934年）.

【53】上智大学中世思想研究所編訳，『中世思想原典集成 5 後期ラテン教父』，平凡社，1993年.

2．本文で紹介されている史料集成

【54】*Loeb Classical Library*, Harvard University Press.

【55】*Bibliotheca Teubneriana*, Walter de Gruyter GmbH & Co. KG.

【56】*Collection Budé (Collection des Universités de France)*, Les Belles Lettres.

【57】*Patrologia Latina / Patrologia Graeca / Patrologia Orientalis*.

【58】*Corpus Scriptorum Ecclesiasticorum Latinorum*, Österreichische Akademie der Wissenschaften.

【59】*Corpus Christianorum*, Brepols Publishers.

【60】*Sources chrétiennes*, Editions du Cerf.

【61】Monumenta Germaniae Historica

3．邦訳・邦語文献

【62】K・エッシェー／I・レベディンスキー『アッティラ大王とフン族——「神の鞭」と呼ばれた男』（新保良明訳），講談社，2011年.

【63】P・クルセル『文学にあらわれたゲルマン大侵入』（尚樹啓太郎訳），東海大学出版会，1974年.

【64】E・R・ドッズ『不安の時代における異教とキリスト教』（井谷嘉男訳），日本基督教団出版局，1981年.

【65】A・ドプシュ『ヨーロッパ文化発展の経済的社会的基礎——カエサルからカール大帝にいたる時代の』（野崎直治／石川操／中村宏訳），創文社，1980年.

【66】J＝R・パランク『末期ローマ帝国』（久野浩訳），白水社，1977年.

【67】H・ピレンヌ『ヨーロッパ世界の誕生——マホメットとシャルルマーニュ』（増田四郎監修，中村宏／佐々木克己訳），創文社，1960年.

【68】P・ブラウン『古代から中世へ』（後藤篤子訳），山川出版社，2006年.

【69】P・ブラウン『貧者を愛する者——古代末期におけるキリスト教的慈善の誕生』（戸田聡訳），慶應義塾大学出版会，2012年.

【70】H＝I・マルー『アウグスティヌスと古代教養の終焉』（岩村清太訳），知泉書館，2008年.

【71】モンテスキュー『ローマ人盛衰原因論』（田中治男／栗田伸子訳），岩波文庫，1989年.

【72】A・リーグル『リーグル美術様式論——装飾史の基本問題』（長広敏雄訳），岩崎美術社，1970年.

【73】A・リーグル『末期ローマの美術工芸』（井面信行訳），中央公論美術出版，2007年.

【74】P・リシェ『蛮族の侵入——ゲルマン大移動時代』（久野浩訳），白水社，1974年.

【75】M・ロストフツェフ『ローマ帝国社会経済史（上・下）』（坂口明訳），東洋経済新報社，2001年.

【76】R. MacMullen, *Corruption and the Decline of Rome*, New Haven and London, 1988.

【77】C. Roueché, *Aphrodisias in Late Antiquity*, London, 1989 (2nd rev. ed., 2004).

【78】足立広明「古代末期のテクラ信仰再考——小アジア・イサウリアのハギア・テクラを中心に」『歴史学研究』755，2001年，165～171頁.

【79】足立広明「テクラとエゲリア——小アジア・セレウケイアの聖地と女性の信仰」『キリスト教史学』56，2002年，166～176頁.

【80】足立広明「キリスト教古代末期における女性と禁欲主義」『関学西洋史論集』27，2004年，3～11頁.

【81】大清水裕『ディオクレティアヌス時代のローマ帝国——ラテン碑文に見る帝国統治の継続と変容』山川出版社，2012年.

【82】小坂俊介「カルケドン裁判考」『歴史』116，2011年，1～30頁.

【83】小坂俊介「シルウァヌス反乱に関する諸史料——古代末期における歴史叙述とアンミアヌスの影響」『西洋史研究』40，2011年，135～151頁.
【84】越宏一『挿絵の芸術——古代末期写本画の世界へ』朝日新聞社，1989年.
【85】越宏一（研究代表者）『古代末期の写本画——古典古代からの伝統と中世への遺産（平成11～13年度科学研究費補助金研究成果報告書）』東京芸術大学西洋美術史研究室，2002年.
【86】田中創「コンスタンティウス2世のコンスタンティノポリス元老院議員登用運動再考」『西洋古典学研究』54，2006年，76～85頁.
【87】田中創「古代末期における公的教師の社会的役割——リバニオス書簡集の分析から」『史学雑誌』117-2，2008年，159～190頁.
【88】田中創「ローマ帝政後期の監獄」大芝芳弘／小池登編『西洋古典学の明日へ』知泉書館，2010年.
【89】田中創「帝政後期における道長官の変容」桜井万里子／師尾晶子編『古代地中海世界のダイナミズム』山川出版社，2010年.
【90】田中創「ローマ帝政後期の法と実践——テオドシウス朝の事例をもとに」『歴史学研究』885，2012年，139～148頁.
【91】田中創「ローマ帝政後期のギリシア修辞学と法学・ラテン語教育」『西洋史研究』(41) 68，2012年，1～30頁.
【92】辻佐保子『古典世界からキリスト教世界へ——舗床モザイクをめぐる試論』岩波書店，1982年.
【93】戸田聡『キリスト教修道制の成立』創文社，2008年.
【94】豊田浩志編『キリスト教修道制——周縁性と社会性の狭間で』上智大学／ぎょうせい，2003年.
【95】南雲泰輔「『佞臣ルフィヌス』像の形成と継承——後期ローマ帝国における官僚像の変遷とその意義」『西洋史学』234，2009年，89～107頁.
【96】南雲泰輔「オリエンス管区総監ルキアノス処刑事件——ローマ帝国の東西分裂期における官僚の権力基盤」『史林』92-4，2009年，670～698頁.
【97】南雲泰輔「英米学界における『古代末期』研究の展開」『西洋古代史研究』9，2009年，47～72頁.
【98】南雲泰輔「『古代末期』研究と考古学をめぐる一動向——Luke Lavanと『古代末期考古学』」『古代史年報』8，2010年，29～44頁.
【99】南雲泰輔「後期ローマ帝国における「蛮族」と皇帝家——スティリコ・セレナ・ホノリウス」『古代文化』62-3，2010年，434～443頁.
【100】南雲泰輔「宦官エウトロピオスの行政改革——ローマ帝国の東西分裂期における宦官権力の確立」『史林』95-2，2012年，317～347年.
【101】南雲泰輔「ローマ帝国の東西分裂をめぐって——学説の現状と課題」『西洋古代史研究』12，2012年，19～41頁.
【102】西村昌洋「テミスティオスの『宗教寛容論』」『西洋史学』239，2010年，198-216頁.
【103】西村昌洋「プルデンティウスの『スティリコ頌』——ウィクトリア女神祭壇撤去事件再考のために」『西洋古典学研究』60，2012年，111～122頁.

【104】長谷川宜之『ローマ帝国とアウグスティヌス――古代末期北アフリカ社会の司教』東北大学出版会，2009年.
【105】南川高志編「［フォーラム］第58回日本西洋史学会大会小シンポジウム報告：ローマ帝国の『衰亡』とは何か」『西洋史学』234，2009年，149〜161頁.

訳者略歴
大清水裕（おおしみず・ゆたか）
一九七九年生まれ
東京大学大学院人文社会系研究科博士課程修了、博士（文学）
現在、滋賀大学教育学部講師
古代ローマ史専攻
主要著訳書
『ディオクレティアヌス時代のローマ帝国』（山川出版社、二〇一二年）
B・レミィ『ディオクレティアヌスと四帝統治』（白水社文庫クセジュ九四八番、二〇一〇年）
B・ランソン『コンスタンティヌス――その生涯と治世』（白水社文庫クセジュ九六七番、二〇一二年）

瀧本みわ（たきもと・みわ）
一九七九年生まれ
東京芸術大学大学院美術研究科芸術学専攻（西洋美術史）博士後期課程単位取得退学
現在、パリ第四大学大学院美術史・考古学研究科（古代末期美術史・考古学）博士後期課程在籍
北アフリカの古代ローマ美術専攻

古代末期
ローマ世界の変容

二〇一三年七月一〇日印刷
二〇一三年七月三〇日発行

訳者 © 大清水裕
瀧本みわ
発行者 及川直志
印刷所 株式会社平河工業社
発行所 株式会社白水社
東京都千代田区神田小川町三の二四
電話 営業部〇三（三二九一）七八一一
編集部〇三（三二九一）七八二一
振替 〇〇一九〇―五―三三二二八
郵便番号一〇一―〇〇五二
http://www.hakusuisha.co.jp
乱丁・落丁本は、送料小社負担にてお取り替えいたします。

製本：平河工業社
ISBN978-4-560-50981-4
Printed in Japan

文庫クセジュ

歴史・地理・民族（俗）学

62 ルネサンス
79 ナポレオン
133 十字軍
160 ラテン・アメリカ史
191 ルイ十四世
202 世界の農業地理
297 アフリカの民族と文化
309 パリ・コミューン
338 ロシア革命
351 ヨーロッパ文明史
382 海賊
412 アメリカの黒人
428 宗教戦争
491 アステカ文明
506 ヒトラーとナチズム
530 森林の歴史
541 アメリカ合衆国の地理
566 ムッソリーニとファシズム
590 中世ヨーロッパの生活
597 ヒマラヤ
604 テンプル騎士団
610 インカ文明
615 ファシズム
636 メジチ家の世紀
648 マヤ文明
664 新しい地理学
665 イスパノアメリカの征服
684 ガリカニスム
689 言語の地理学
709 ドレーフュス事件
713 古代エジプト
719 フランスの民族学
724 バルト三国
731 スペイン史
732 フランス革命史
735 バスク人
743 スペイン内戦
747 ルーマニア史
752 オランダ史
760 ヨーロッパの民族学
766 ジャンヌ・ダルクの実像
767 ローマの古代都市
769 中国の外交
781 カルタゴ
782 カンボジア
790 ベルギー史
810 闘牛への招待
812 ポエニ戦争
813 ヴェルサイユの歴史
814 ハンガリー
816 コルシカ島
819 戦時下のアルザス・ロレーヌ
825 ヴェネツィア史
826 東南アジア史
827 スロヴェニア
828 クロアチア
831 クローヴィス
834 プランタジネット家の人びと
842 コモロ諸島

文庫クセジュ

853 パリの歴史
856 インディヘニスモ
857 アルジェリア近現代史
858 ガンジーの実像
859 アレクサンドロス大王
861 多文化主義とは何か
864 百年戦争
865 ヴァイマル共和国
870 ビザンツ帝国史
871 ナポレオンの生涯
872 アウグストゥスの世紀
876 悪魔の文化史
877 中欧論
879 ジョージ王朝時代のイギリス
882 聖王ルイの世紀
883 皇帝ユスティニアヌス
885 古代ローマの日常生活
889 バビロン
890 チェチェン
896 カタルーニャの歴史と文化
897 お風呂の歴史
898 フランス領ポリネシア
902 ローマの起源
903 石油の歴史
904 カザフスタン
906 フランスの温泉リゾート
911 現代中央アジア
913 フランス中世史年表
915 クレオパトラ
918 ジプシー
922 朝鮮史
925 フランス・レジスタンス史
928 ヘレニズム文明
932 エトルリア人
935 カルタゴの歴史
937 ビザンツ文明
938 チベット
939 メロヴィング朝
942 アクシオン・フランセーズ
943 大聖堂
945 ハドリアヌス帝
948 ディオクレティアヌスと四帝統治
951 ナポレオン三世
959 ガリレオ
962 100の地点でわかる地政学
964 100語でわかる中国
966 アルジェリア戦争
967 コンスタンティヌス
974 ローマ帝国
979 イタリアの統一
981 古代末期

文庫クセジュ